BuddhAll

BuddhAll.

All is Buddha.

BuddhAll

佛菩薩經典系列⑦

彌勒菩薩・常啼菩薩經典

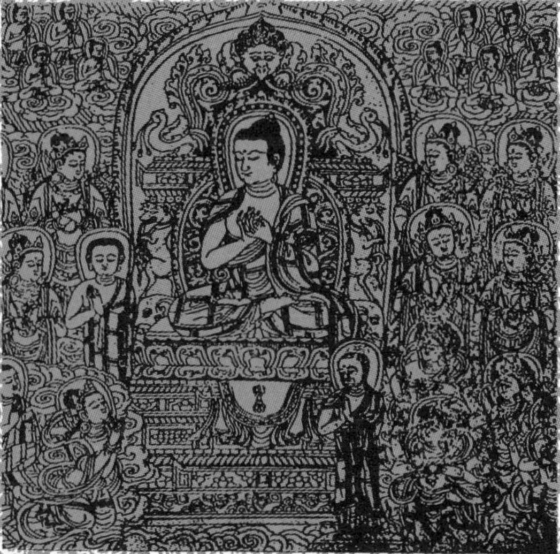

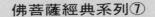

佛菩薩經典的出版因緣

佛菩薩經典的出版，帶給我們許多的法喜與希望。因為透過這些經典的導引，將使我們了悟佛菩薩的偉大聖德，不只能讓我們得到諸佛菩薩的慈光佑護，更能令我們吉祥願滿。最重要的是使吾等能隨學於彼，以他們作為生命的典範，學習他們偉大的生涯，成就佛智圓滿。

佛菩薩經典的集成，是秉持對諸佛菩薩的無上仰敬，祈望將他們的慈悲、智慧、聖德、本生及修證生活，完滿的呈現在真正修行的佛子之前。使皈依於他們的人，能夠擁有一本隨身指導修行的經典匯集，能時時親炙於他們的法身智慧；讓大家就宛如隨時擁有一座諸佛菩薩專屬的教化殿堂，完成「生活即佛經、佛經即生活」的希望。現在，我們將這一個成果，供養給這些偉大的佛菩薩，也將之呈獻給所有熱愛佛典的大眾。

為了讓大家能迅速的掌握經典的義理，此套佛典全部採用新式分段、標點，使讀者能事半功倍的總持佛心妙智；並在珍貴的生命旅程中，迅速掌握到幸福與光明的根源。

我們希望這一套書，能使大家很快地親見諸佛菩薩的真實面貌，將他們成為我們人生中最親切的導師。在歡樂幸福的時候，激勵大家不要放逸，精進修行，在憂鬱煩惱的時候，使大家獲得安寧喜悅；更重要的是幫助我們解脫自在，得到清淨的智慧光明。而我們更應當學習諸佛菩薩的大悲願力，成為無盡的燈明，並依止他們的威神加持，用慈悲與智慧來幫助一切眾生。

學習諸佛菩薩，使我們成為他們的使者；這個心願，是我們一直想推行的運動。或許有人會質疑：自己有什麼樣的資格，來成為佛菩薩的使者，甚至化身呢？但是，大乘佛法的根本，即是要我們發起菩提心，學習諸佛菩薩救度眾生的妙行。因此，菩薩的發心，首先是依止「眾生無邊誓願度，煩惱無盡誓願斷，法門無量誓願學，佛道無上誓願成」等共同的誓願，然後再依個別的因緣，發起不共的大願；這本來就是最根本的行持而已。而且這樣的發心，是任何人都可以也應該發起的，絕沒有條件與境界的限制。

所以，我們學習諸佛菩薩，當然初始時，根本無法如他們擁有廣大的慈悲、智慧。但是，我們可以學習成為他們的使者，成為他們百分之一、千分之一、萬分之一，乃至億萬分之一的化身；這樣還是可以立即發心，開始修習菩薩行的。只有當下立即發心開始修習，才是真正的開始啊！這是不需要任何預備動作的；開始時請立即開始，我們現在就成為無數分之一的佛菩薩，讓我們在這個充滿強而有力的科技文明，卻又十分混亂的世界中，幫助大家，也幫助自己吧！

這次佛菩薩經集編輯成十本，首先選擇與大家因緣深厚的佛菩薩，讓我們歡喜親近、體悟修習。這十本是：

一、阿彌陀佛經典

二、藥師佛・阿閦佛經典

三、普賢菩薩經典

四、文殊菩薩經典
五、觀音菩薩經典
六、地藏菩薩經典
七、彌勒菩薩・常啼菩薩經典
八、維摩詰菩薩經典
九、虛空藏菩薩經典
十、無盡意菩薩・無所有菩薩經典

我們希望透過這些經典的導引，能讓我們體悟諸佛菩薩的智慧悲心，也讓我們向彼等學習，使我們成為與阿彌陀佛、藥師佛、阿閦佛、觀音菩薩、文殊菩薩、普賢菩薩、地藏菩薩等同見同行的人。隨著自己的本願發心，抉擇一位佛菩薩學習，然後不斷增長，到最後迅速與諸佛菩薩完全相應，成為他們圓滿的化身，同一無二，成就佛智菩提，並使所有的眾生圓滿成佛。

凡例

一、關於本系列經典的選取，以能彰顯該佛或菩薩之教化精神為主，以及包含各同經異譯本，期使讀者能迅速了解諸佛菩薩之教法。

二、本系列經典選取之經文，以卷為單位；若是選取的經文為某卷中的一部分時，本系列經典仍保留卷題與譯者名，而所節略之經文處，則以「㊔」表之。

三、本系列經典係以日本《大正新修大藏經》（以下簡稱《大正藏》）為底本，而以宋版《磧砂大藏經》（新文豐出版社所出版的影印本，以下簡稱《磧砂藏》）為校勘本，並輔以明版《嘉興正續大藏經》與《大正藏》本身所作之校勘，作為本系列經典之校勘依據。

四、《大正藏》有字誤或文意不順者，本系列經典校勘後，以下列符號表示之：

㈠改正單字者，在改正字的右上方，以「*」符號表示之。如《藥師琉璃光七佛本願功德經》卷上的經名：

藥師琉「瑠」光七佛本願功德經卷上《大正藏》

藥師琉「璃」光七佛本願功德經卷上《磧砂藏》

校勘改作為：

藥師琉*璃光七佛本願功德經卷上

㈡改正二字以上者，在改正之最初字的右上方，以「*」符號表示之，並在改正之最末字的右下方，以「☆」符號表示之。

如《阿閦佛國經》卷上〈阿閦佛剎善快品〉之中：

其地行足蹈其上即「滅這」，舉足便還復如故《大正藏》

其地行足蹈其上即「陷適」，舉足便還復如故《磧砂藏》

校勘改作為：

其地行足蹈其上即*陷適☆，舉足便還復如故

五、《大正藏》中有增衍者，本系列經典校勘刪除後，以「①」符號表示之，其

中圓圈內之數目，代表刪除之字數。

如《大寶積經》卷二十〈往生因緣品〉之中：

於「彼彼佛剎」隨樂受生《大正藏》

於「彼佛剎」隨樂受生《磧砂藏》

校勘改作為：

於彼①佛剎隨樂受生

六、《大正藏》中有脫落者，本系列經典校勘後，以下列符號表示之：

㈠脫落補入單字者，在補入字的右上方，以「⊙」符號表示之。

如《佛說無量清淨平等覺經》卷二之中：

如帝王雖於人中「好無比」，當令在遮迦越王邊住者《大正藏》

如帝王雖於人中「獲好無比」，當令在遮迦越王邊住者《磧砂藏》

校勘改作為：

如帝王雖於人中⊙獲好無比，當令在遮迦越王邊住者

(二)脫落補入二字以上者，在補入之最初字的右上方，以「◎」符號表示之；並在補入之最末字的右下方，以「☆」符號表示之。

如《佛說無量壽經》卷上之中：

乃至三千大千世界「眾生緣覺」，於百千劫悉共計挍《大正藏》

乃至三千大千世界「眾生悉成緣覺」，於百千劫悉共計挍《磧砂藏》

校勘改作為：

乃至三千大千世界眾生◎悉成☆緣覺，於百千劫悉共計挍

(三)有脫落字而無校勘者，以「□」符號表示之。

如《藥師如來念誦儀軌》之中：

令　又令須蓮臺《大正藏》

《磧砂藏》無此經，而《大正藏》之校勘中，除原藏本外，並無他本藏經之校勘；故為標示清楚，特作為：

令□又令須蓮臺

七、本系列經典依校勘之原則，而無法以前面之各種校勘符號表示清楚者，則以「註」表示之，並在經文之後作說明。

八、《大正藏》中，凡不影響經義之正俗字（如：恆、恒）、通用字（如：蓮「華」、蓮「花」）、音譯字（如：目「犍」連、目「乾」連）等彼此不一者，本系列經典均不作改動或校勘。

九、《大正藏》中，凡現代不慣用的古字，本系列經典則以教育部所頒行的常用字取代之（如：讃→讚），而不再詳以對照表說明。

十、凡《大正藏》經文內本有的小字夾註者，本系列經典均以小字雙行表示之。

十一、凡《大正藏》經文內之咒語，其斷句以空格來表示。若原文上有斷句序號而未空格時，則本系列經典均於序號之下，加空一格；但若作校勘而有增補空格或刪除原文之空格時，則仍以「◎」、「①」符號校勘之。又原文若無序號亦未斷句者，則維持原樣。

十二、本系列經典之經文，採用中明字體，而其中之偈頌、咒語及願文等，皆採用正楷字體。另若有序文或作註釋說明時，則採用仿宋字體。

十三、本系列經典所作之標點、分段及校勘等，以儘量順於經義為原則，來方便讀者之閱讀。

彌勒菩薩・常啼菩薩經典序

彌勒菩薩（梵名Maitreya），漢譯為彌勒或彌帝隸，菩薩之姓，意譯為慈氏，有時佛亦稱之為阿逸多。由於他將繼釋迦牟尼佛之後，在此世間下生成佛，是一生補處菩薩，所以一般都習稱他為「彌勒佛」。

彌勒菩薩為釋尊座下的大弟子之一。在《賢愚經》中記載：「爾時，波羅㮈國王名波羅摩達，王有輔相生一男兒，三十二相，眾好備滿，身色紫金，姿容挺特。……其母素性，不能良善，懷妊已來，悲矜苦厄，慈潤黎元等心養護。」因此為其子命名為「彌勒」。

其舅波婆梨身任波梨弗多羅國的國師，領有聰慧弟子五百眾，彌勒乃師事於彼，從學經書，不久，諸書通達。波婆梨為顯揚其學，特設大會供施諸婆羅門，後聞佛在王舍城靈鷲山，遣彌勒等十六人詣佛所。彌勒以自己具足幾相等事問佛，佛陀一一如實答之，乃心生深信，而隨從十五人聞佛所說，都得證阿羅漢果。

相傳彌勒菩薩比釋迦牟尼佛更早發心，但是釋迦牟尼佛卻較早成佛。為什麼呢？在《大毘婆沙論》中記載過去世有一如來稱為底砂佛（梵名Tiṣya，或云弗沙），此佛有二位菩薩弟子，勤修梵行，其中一位名為釋迦牟尼（能寂），另一個叫梅怛儷藥（慈氏）。有一次，此佛觀察兩個弟子中誰先成熟善根，結果觀察出慈氏先成熟，其次能寂。但從另外一個角度，即以度化有情的觀點來觀察，卻看出能寂先成熟，而後慈氏才成熟。因此，底砂佛告訴能寂說：「吾遊山，汝隨後來。」

底砂佛一到山上，就進入吠琉璃所作的龕，鋪好坐具，趺坐而坐入於火光三昧，在七晝夜間，受妙喜樂，威光赫赫，照耀十方。能寂稍後到達山上，各處尋訪，漸漸走到那佛龕之前，看到威儀端肅、光明照耀的佛世尊，專誠懇發，歡喜讚嘆，屈起一腳向世尊禮敬且又忘了放下來。他瞻仰佛的尊容，目不暫捨，在七晝夜中誦念讚嘆佛陀的相好莊嚴：「天上天下無如佛，十方世界亦無比，世界所有我盡見，一切無有如佛者。」藉此精進之修持，能寂超越九劫，比慈氏早得無上正覺。

釋迦牟尼能比慈氏菩薩早九劫成佛，是大精進力的結果；但另外釋迦菩薩側重悲心，視利他比自利更為重要，這種菩薩大慈悲心的發露，是與如來本心一致的。釋迦菩薩重悲，悲能拔苦，彌勒菩薩重慈，慈能與樂；這也就成為兩種不同類型的偉大典範。

彌勒菩薩現居兜率天，盡其一生之後，即將到人間補釋迦佛處而成佛，所以也稱為「一生補處菩薩」。彌勒菩薩現在兜率天內院弘法，教化菩薩眾與天眾。此天的壽量與菩薩成佛，以及南瞻部洲人民具佛善根之業成熟的時間很相當，因此菩薩在此天受生。而且經過兜率天壽四千歲（彼天一日相當於人間四百年）之後，將會降生到我們這個世界，並在華林園龍華樹下成就佛道，且有三會度眾，轉妙法輪；而這三次度眾的法會，就稱為「龍華三會」。

彌勒菩薩在修習菩薩行時，有「不修禪定，不斷煩惱」的特性。因為他在證成菩薩道的德目中，特別著重於布施、持戒、慈悲與智慧。不像小乘行者汲汲於為斷自己的煩惱，以成就解脫、涅槃。他有意的留惑潤生，以從事度衆利生的事業，這是大乘菩薩的典型代表。而禪宗行人在回答因何「不修禪定，不斷煩惱」之時，或答以「禪定早修，煩惱已斷」，或云「無禪定可修，無煩惱可斷」，這都不免愈轉愈深，有「重智輕悲」的取向了。

彌勒菩薩的信仰中，也有往生兜率淨土的信仰。約在佛元九世紀開始（西元四至五世紀），在西北印度盛行，逐漸流布於中亞各國。在中國自晉朝至元魏時代，頗為盛行。中國歷代有許多祖師大德都往生兜率內院，龍華三會時，將跟隨彌勒佛教化人間。例如唐代之玄奘、窺基大師，明代之紫柏尊者，民國之太虛大師、虛雲老和尚等，是最為著名的。

至於常啼菩薩（梵名Sadāprarudita），是《般若經》中所載之一位勤求般若波羅蜜多的在家菩薩。在佛典中，此菩薩又有多種譯名：音譯為薩陀波崙菩薩，意譯另有常悲菩薩、普慈菩薩、常歡喜菩薩等名。《佛母出生三法藏般若波羅蜜多經》卷二十三〈常啼菩薩品〉云：「常啼菩薩摩訶薩往昔求般若波羅蜜多時，不怖時長，不念世事，不惜身命，不樂世間名聞利養，於諸世間不生依著，但一心念求般若波羅蜜多。」

又，《大智度論》卷九十六釋其名稱之由來為：

「問曰：何以名薩陀波崙（薩陀秦言常波崙名啼）？為是父母與作名字？是因緣得名字？答曰：有人言：以其小時喜啼，故名常啼。有人言：此菩薩行大悲心柔軟故，見眾生在惡世貧窮、老病、憂苦，為之悲泣，是故眾人號為薩陀波崙。有人言：是菩薩求佛道故，……憂愁啼哭七日七夜，因是故天龍鬼神號曰常啼。」

據《道行般若經》卷九〈薩陀波倫菩薩品〉所載，此菩薩於夢中聞東方有般若波羅蜜大法，為求大法即向東行，途經魔所樂國時，為供養其師而賣身，後涉二萬里路，終至揵陀越(Gandhavati，譯作眾香、具妙香)國，見曇無竭(Dharmôdgata，譯作法湧、法尚)菩薩，並受其法。

常啼菩薩為法忘軀的精進精神，實在令人景仰，亦是吾人學道之典範。

為了彰顯彌勒菩薩的偉大功德及常啼菩薩的大精進力，也希望深切仰信這兩位菩薩的佛弟子衆，能夠隨學於他們，理解、總持他們的教法；所以，我們特別將彌勒菩薩與常啼菩薩的相關重要經典，編輯成一册，期使所有的修行人，能隨時攜帶這一本經集，做為隨身的修證聖典。讓我們在任何時地都能憶念彌勒菩薩及常啼菩薩的大慈與精進，使我們在困頓時有所依止，煩惱時能飲下清涼的般若法語，平順時智慧明利、精進不懈，修持時有彌勒菩薩的大悲光明及常啼菩薩的大精進力作為導引。使彌勒菩薩的大慈法身及常啼菩薩的無我精進，常住我們的心中，並隨時隨地加持我們具足大悲、智慧，並圓滿一切大願。

南無　大慈彌勒菩薩摩訶薩

南無　常啼菩薩摩訶薩

目錄

彌勒菩薩經典

常啼菩薩經典

大寶積經

彌勒菩薩問八法會

彌勒菩薩所問會

大寶積經卷第一百一十一 ㊔

大寶積經彌勒菩薩問八法會第四十一

元魏三藏菩提留支譯

如是我聞：一時，婆伽婆住王舍城耆闍崛山中，與大比丘衆千二百五十人俱，并諸菩薩摩訶薩十千人等。

爾時，彌勒菩薩摩訶薩即從座起，偏袒右肩，右膝著地，合掌向佛，白佛言：「世尊！我今欲以少法問於如來、應、正遍知，不審世尊聽許以不？」

爾時，世尊告彌勒菩薩摩訶薩言：「彌勒！隨汝心念，問於如來、應、正遍知，我當為汝分別解說，令汝心喜。」

爾時，彌勒菩薩摩訶薩白佛言：「世尊！如是願樂欲聞。世尊！諸菩薩摩訶薩畢竟成就幾法，不退阿耨多羅三藐三菩提，於勝進法中不退不轉，行菩薩行時，降伏一切諸魔怨敵，如實知一切法自體相，於諸世間心不疲倦，以心不疲倦故，不依他智，速疾成就阿耨多羅三藐三菩提？」

爾時，世尊告彌勒菩薩摩訶薩言：「善哉！善哉！彌勒！汝今乃能問於如來如是深義。」

佛復告彌勒菩薩摩訶薩言：「汝今應當一心諦聽，吾當為汝分別解說如是深義。」

即時，彌勒菩薩摩訶薩白佛言：「世尊！如是願樂欲聞。」

佛復告彌勒菩薩摩訶薩言：「彌勒！若諸菩薩摩訶薩畢竟成就八法，不退阿耨多羅三藐三菩提，於勝進法中不退不轉，行菩薩行時，降伏一切諸魔怨敵，如實知一切法自體相，於諸世間心不疲倦，以心不疲倦故不依他智，速疾成就阿耨多羅三藐三菩提。何等為八？彌勒！所謂諸菩薩摩訶薩成就深心，成就行心，成就捨心，成就善知迴向方便心，成就大慈心，成就大悲心，成就善知方便，成就般若波羅蜜。

「彌勒！云何諸菩薩摩訶薩成就深心？彌勒！若諸菩薩摩訶薩聞讚歎佛及毀呰佛，其心畢竟於阿耨多羅三藐三菩提堅固不動；聞讚歎法及毀呰法，其心畢竟於阿耨多羅三藐三菩提堅固不動；聞讚歎僧及毀呰僧，其心畢竟於阿耨多羅三藐三菩提堅固不動。彌勒！如是諸菩薩摩訶薩畢竟成就深心。

「彌勒！云何諸菩薩摩訶薩成就行心？彌勒！若諸菩薩摩訶薩遠離殺生，遠離偷盜，遠離邪婬，遠離妄語，遠離兩舌，遠離惡口，遠離綺語。彌勒！如是諸菩薩摩訶薩畢竟成就行心。

「彌勒！云何諸菩薩摩訶薩成就捨心？彌勒！若諸菩薩摩訶薩是能捨主，是施主，施諸沙門及婆羅門、貧窮乞匃下賤人等，衣食臥具隨病湯藥所須之物。彌勒！如是諸菩薩摩訶薩畢竟成就捨心。

「彌勒！云何諸菩薩摩訶薩成就善知迴向方便心？彌勒！若諸菩薩摩訶薩所

修善根調身、口、意業，皆悉迴向阿耨多羅三藐三菩提。彌勒！如是諸菩薩摩訶薩畢竟成就善知迴向方便心。

「彌勒！云何諸菩薩摩訶薩成就大慈心？彌勒！若諸菩薩摩訶薩畢竟成就大慈身業，畢竟成就大慈口業，畢竟成就大慈意業。彌勒！如是諸菩薩摩訶薩畢竟成就大慈心。

「彌勒！云何諸菩薩摩訶薩成就大悲心？彌勒！若諸菩薩摩訶薩畢竟成就不可譏呵身業，畢竟成就不可譏呵口業，畢竟成就不可譏呵意業。彌勒！如是諸菩薩摩訶薩畢竟成就大悲心。

「彌勒！云何諸菩薩摩訶薩成就善知方便？彌勒！若諸菩薩摩訶薩善知世諦，善知第一義諦，善知二諦。彌勒！如是諸菩薩摩訶薩畢竟成就善知方便。

「彌勒！云何諸菩薩摩訶薩成就般若波羅蜜？彌勒！若諸菩薩摩訶薩如是覺知，依此法有此法，依此法生此法，所謂無明緣行，行緣識，識緣名色，名色緣六入，六入緣觸，觸緣受，受緣愛，愛緣取，取緣有，有緣生，生緣老死憂悲苦惱，如是唯有大苦聚集。彌勒！此法無故此法無，此法滅故此法滅，所謂無明滅則行滅，行滅則識滅，識滅則名色滅，名色滅則六入滅，六入滅則觸滅，觸滅則受滅，受滅則愛滅，愛滅則取滅，取滅則有滅，有滅則生滅，生滅則老死憂悲苦惱滅，如是唯有大苦聚集滅。彌勒！如是諸菩薩摩訶薩畢竟成就般若波羅蜜。

「彌勒！是名諸菩薩摩訶薩畢竟成就八法，不退阿耨多羅三藐三菩提，於勝進法中不退不轉，行菩薩行時，降伏一切諸魔怨敵，如實知一切法自體相，於諸世間心不疲倦，以心不疲倦故，不依他智，速疾成就阿耨多羅三藐三菩提。」

佛說此經已，彌勒菩薩摩訶薩及餘諸菩薩摩訶薩、比丘、比丘尼、優婆塞、優婆夷、天、龍、夜叉、乾闥婆、阿脩羅、迦樓羅、緊那羅、摩睺羅伽、人非人等，一切大眾聞佛所說，皆大歡喜，信受奉行。

大寶積經彌勒菩薩所問會第四十二

大唐三藏菩提流志譯

如是我聞：一時，佛在波羅奈國施鹿林中，與大比丘衆五百人俱，一切皆為衆所知識，其名曰：阿若憍陳如、摩訶迦葉、優樓頻螺迦葉、伽耶迦葉、那提迦葉、舍利弗、大目揵連、阿難、羅睺羅等而為上首。復有菩薩摩訶薩一萬人俱，其名曰：善意菩薩、增上意菩薩、堅固意菩薩、師子意菩薩、觀世音菩薩、大勢至菩薩、辯積菩薩、美音菩薩、勝幢菩薩、信慧菩薩、水天菩薩、帝勝菩薩、帝天菩薩、無攀緣菩薩、具辯才菩薩、神通妙華菩薩、彌勒菩薩、文殊師利法王子等而為上首。爾時，世尊無量百千大衆圍遶，供養恭敬而為說法。

是時，彌勒菩薩摩訶薩在衆會中即從座起，偏袒右肩，右膝著地，合掌頂禮，而白佛言：「世尊！我有少疑，今欲諮問，唯願如來見垂聽許！」

佛告彌勒菩薩言：「若有所疑今恣汝問，當為解說令得歡喜。」

爾時，彌勒菩薩聞佛許已，歡喜踊躍而白佛言：「世尊！菩薩成就幾法，離諸惡道及惡知識，而能速證阿耨多羅三藐三菩提耶？」

佛告彌勒菩薩言：「善哉！善哉！彌勒！汝今為欲哀愍一切，利益安樂天人世間，能問如來如是深義。汝應諦聽，善思念之，吾當為汝分別解說。」

彌勒菩薩即白佛言：「唯然！世尊！願樂欲聞。」

佛告彌勒言：「菩薩成就一法，離諸惡道及惡知識，速能證得阿耨多羅三藐三菩提。云何為一？所謂發勝意樂菩提之心，是名為一。

「彌勒！復有二法，離諸惡道及惡知識，速能證得阿耨多羅三藐三菩提。云為何二？一者、於奢摩他常勤修習，二者、於毘鉢舍那而得善巧：是名為二。

「彌勒！復有三法，離諸惡道及惡知識，速能證得阿耨多羅三藐三菩提。云何為三？一者、成就大悲，二者、修習空法，三者、於一切法不生分別：是名為三。

「彌勒！復有四法，離諸惡道及惡知識，速能證得阿耨多羅三藐三菩提。云何為四？一者、安住淨戒，二者、離諸疑網，三者、樂阿蘭若，四者、起正見心；是名為四。

「彌勒！復有五法，離諸惡道及惡知識，速能證得阿耨多羅三藐三菩提。云何為五？一者、住於空法，二者、不求他過，三者、常自觀察，四者、愛樂正法，五者、攝護於他；是名為五。

「彌勒！復有六法，離諸惡道及惡知識，速能證得阿耨多羅三藐三菩提。云何為六？一者、無有貪欲，二者、不生瞋恚，三者、不起愚癡，四者、常離麁語，五者、住於空性，六者、心如虛空；是名為六。

「彌勒！復有七法，離諸惡道及惡知識，速能證得阿耨多羅三藐三菩提。云何為七？一者、住於正念，二者、成就擇法，三者、發起精進，四者、常生歡喜，五者、身得輕安，六者、住諸禪定，七者、具足行捨；是名為七。

「彌勒！復有八法，離諸惡道及惡知識，速能證得阿耨多羅三藐三菩提。云何為八？一者、正見，二者、正思惟，三者、正語，四者、正業，五者、正命，六者、正勤，七者、正念，八者、正定；是名為八。

「彌勒！復有九法，離諸惡道及惡知識，速能證得阿耨多羅三藐三菩提。云何為九？一者、*遠離諸欲惡不善法，安住初禪尋伺喜樂心一境性；二者、遠離尋伺，安住二禪內淨喜樂心一境性；三者、遠離於喜，安住三禪捨念慧樂心一境性；四者、遠離憂苦及以喜樂，安住四禪捨念清淨無苦無樂心一境性；五者、超過色想無異攀緣，安住無邊虛空處定；六者、超過無邊空處定已，而能安住無邊識定；七者、超過無邊識處定已，而能安住無所有定；八者、超過無所有處定已，安住非想非非想定；九者、超過非想非非想處定已，而能安住滅受想定。是名為九。

「彌勒！復有十法，離諸惡道及惡知識，速能證得阿耨多羅三藐三菩提。云何為十？一者、善能成就金剛三昧，二者、成就處非處相應三昧，三者、成就方便行三昧，四者、成就遍照明三昧，五者、成就普光明三昧，六者、成就普遍照明三昧，七者、成就寶月三昧，八者、成就月燈三昧，九者、成就出離三昧，十者、成就勝幢臂印三昧；是名為十。

「彌勒！菩薩成就如是法已，離諸惡道及惡知識，速能證得阿耨多羅三藐三菩提。」

爾時，彌勒菩薩得聞是法，心大歡喜，偏袒右肩，右膝著地，合掌恭敬，即於佛前以偈讚曰：

佛於過去劫，　捨所愛妻子，　頭目及骨髓，　到於施彼岸。
佛常護禁戒，　如犛牛愛尾，　最勝無倫匹，　到於戒彼岸。
佛以忍辱力，　捨離於違諍，　不求人過惡，　到於忍彼岸。
佛以精進力，　得無上寂靜，　究竟常安樂，　到於勤彼岸。
佛以禪定力，　能滅諸罪垢，　為天人導師，　到於定彼岸。
佛以智慧力，　善了知諸法，　自性無所有，　到於慧彼岸。
佛於菩提樹，　降伏諸魔軍，　具足最勝智，　成就無上道。

導師無畏力，　　於波羅奈國，　　轉清淨法輪，　　摧破諸外道。

無上大智慧，　　出過於世間，　　能放淨光明，　　善說諸法要。

如來清淨色，　　智慧及功德，　　超過諸世間，　　能到於彼岸。

爾時，阿難白佛言：「世尊！是彌勒菩薩甚為希有，而能成就無量辯才，隨眾生念平等說法，而於文字無所繫著。」

佛告阿難：「如是！如是！如汝所說。阿難！彌勒菩薩豈唯今日能於我前以偈讚佛？乃往過去十無數劫，爾時，有佛號焰光遊戲妙音自在王如來、應供、正遍知、明行足、善逝、世間解、無上士、調御丈夫、天人師、佛、世尊。爾時，有一婆羅門子名曰賢壽，諸相具足，見者歡喜，從園苑出，見彼如來端正殊妙，諸根寂靜得奢摩他，如清淨池無諸垢穢，三十二相、八十種好而自莊嚴，如娑羅樹其花開敷，如須彌山出過一切，面貌熙怡如月盛滿，威光赫奕如日顯曜，形量周圓如尼俱陀樹。是時，賢壽覩佛如來殊勝之相，心生淨信，作是思惟：『希有！世尊！乃能成就如是無量功德莊嚴，我亦願於當來之世，成就如是功德之身。』

發是願已，投身於地，復自念言：『若當來世得佛身者，唯願如來足蹈我上。』

「爾時，彼佛知賢壽意，即以其足蹈賢壽身，當下足時得無生法忍，世尊迴顧告諸比丘：『汝等勿以足蹈賢壽。何以故？此是菩薩摩訶薩，今已證得無生法忍，復能成就天眼、天耳、他心、宿住、神境智通。』

「爾時，賢壽即於佛前以偈讚曰：

佛於十方界，　最尊無有上，　超過諸世間，　我今稽首禮。
如來大光明，　掩蔽於日月，　超過諸世間，　我今稽首禮。
譬如師子吼，　諸獸咸怖畏，　世尊大威德，　摧伏諸外道。
眉間白毫相，　猶如頗梨光，　普照于世間，　超過於一切。
世尊無與等，　足蹈千輻輪，　清淨化世間，　能動於大地。
成就出離道，　超過煩惱海，　以諸功德財，　隨意皆施與。
如來清淨戒，　猶如於大地，　出生諸功德，　無有愛憎想。
以智慧力故，　了知諸法空，　衆生及壽者，　分別不可得。

善了衆生性，　心行及所趣，　為世作明燈，　饒益於一切。
世間苦逼迫，　漂溺於暴流，　常為諸衆生，　起大精進力。
世尊離煩惱，　生老及病死，　處世如虛空，　一切無所染。
智慧大威光，　能破一切闇，　永離貪瞋癡，　我今稽首禮。」

佛告阿難：「賢壽菩薩所獲神通，從是已來不復退失。於意云何？爾時賢壽豈異人乎？今此會中彌勒菩薩摩訶薩是。」

阿難白佛言：「世尊！若彌勒菩薩久已證得無生法忍，何故不得阿耨多羅三藐三菩提耶？」

佛告阿難：「菩薩有二種莊嚴、二種攝取，所謂：攝取衆生，莊嚴衆生；攝取佛國，莊嚴佛國。彌勒菩薩於過去世修菩薩行，常樂攝取佛國，莊嚴佛國；我於往昔修菩薩行，常樂攝取衆生，莊嚴衆生。然彼彌勒修菩薩行經四十劫，我時乃發阿耨多羅三藐三菩提心，由我勇猛精進力故，便超九劫，於賢劫中得阿耨多羅三藐三菩提。

「阿難！我以十法得證菩提，云何為十？一者、能施所愛之物，二者、能施所愛之妻，三者、能施所愛之子，四者、能施所愛之頭，五者、能施所愛之眼，六者、能施所愛王位，七者、能施所愛珍寶，八者、能施所愛血肉，九者、能施所愛骨髓，十者、能施所愛支分；是名為十。我行此法，能得阿耨多羅三藐三菩提。

「阿難！復有十法能證菩提，云何為十？一者、*護戒功德，二者、成就忍力，三者、發起精進，四者、得諸禪定，五者、有大智慧，六者、於諸眾生常不捨離，七者、於諸眾生起平等心，八者、於諸空法而常修習，九者、善能成就真實空性，十者、善能成就無相無願；是名為十。我行此法，能得阿耨多羅三藐三菩提。阿難！彌勒菩薩往昔行菩薩道時，不能捨施手足頭目，但以善巧方便安樂之道，積集無上正等菩提。」

爾時，阿難白佛言：「世尊！云何彌勒往昔行菩薩道時，但以善巧方便安樂之道，而能積集無上菩提？」

佛告阿難：「彌勒往昔行菩薩道，晝夜六時，偏袒右肩，右膝著地，合掌頂禮，於諸佛前，說是偈言：

我今歸命禮，十方一切佛，菩薩聲聞衆，大仙天眼者。
亦禮菩提心，遠離諸惡道，能得生天上，乃至證涅槃。
若我作少罪，隨心之所生，今對諸佛前，懺悔令除滅。
我今身口意，所集諸功德，願作菩提因，當成無上道。
十方國土中，供養如來者，及佛無上智，我今盡隨喜。
有罪悉懺悔，是福皆隨喜，我今禮諸佛，願成無上智。
十方大菩薩，證於十地者，我今稽首禮，願速證菩提。
得證菩提已，摧伏於魔軍，轉清淨法輪，饒益衆生類。
常願住世間，無量俱胝劫，擊于大法鼓，度脫苦衆生。
我沒於欲泥，貪繩之所繫，種種多纏縛，願佛垂觀察。
衆生雖垢重，諸佛不厭捨，願以大慈悲，度脫生死海。

現在諸世尊，過去未來佛，所行菩薩道，我今願修學。
具足波羅蜜，成就六神通，度脫諸眾生，證於無上道。
了知諸法空，無相無自性，無住無表示，不生亦不滅。
又如大仙尊，善了於無我，無補特伽羅，乃至無壽者。
於諸布施事，不執我我所，為安樂眾生，施與無慳悋。
願我所施物，不假功用生，觀察了知空，具施波羅蜜。
持戒無缺減，得佛淨尸羅，以無所住故，具戒波羅蜜。
忍辱如四大，不生分別心，以無瞋恚故，具忍波羅蜜。
願以身心力，發起大精進，堅固無懈怠，具勤波羅蜜。
以如幻如化，及勇猛精進，金剛等三昧，具禪波羅蜜。
願證三明智，入於三脫門，了三世平等，具慧波羅蜜。
諸佛妙色身，光明大威德，菩薩精進行，願我皆圓滿。
彌勒名稱者，勤修如是行，具六波羅蜜，安住於十地。」

佛告阿難：「彌勒菩薩安住如是善巧方便，積集阿耨多羅三藐三菩提。阿難！我昔求道受苦無量，乃能積集阿耨多羅三藐三菩提。何以故？乃往古昔時有太子名見一切義，端正殊妙諸相具足，見者歡喜，出遊園苑，見一病人受諸重苦，生悲愍心，便問之言：『汝今此病豈無有藥能療治耶？』爾時，病人即以偈頌白太子言：

我病藥難求，　世間不可得，　國王亦無有，　何況病惱者！
通達於諸論，　善說醫方者，　雖欲為療治，　其藥難可得。

「爾時，太子復以偈頌告病人言：

金銀摩尼珠，　乃至於象馬，　所求皆當說，　為汝除憂惱。

「爾時，病人復以偈頌白太子言：

若飲太子血，　我必得安樂，　願生歡喜心，　施我無憂惱。

「爾時，太子復以偈頌告病人言：

我為諸眾生，　墜墮無間獄，　多劫猶能忍，　何況於身血！

「爾時，太子即取利刀刺身出血，令彼病人隨意所用，不生一念悔恨之心。阿難！當知爾時太子見一切義者豈異人乎？今我身是。四大海水猶可測量，我於往昔行菩薩道，捨己身血不可稱計。」

佛告阿難：「乃往古昔時有太子名曰妙花，端正殊勝諸相具足，見者歡喜，從園苑出，見一病人身體羸瘦，生悲愍心，便問之言：『汝今此病豈無有藥能療治耶？』爾時，病人即以偈頌白太子言：

世雖有良醫，　無藥療我病，　唯願生慈愍，　為我除憂惱。

「爾時，太子即以偈頌告病人言：

我為利世間，　一切咸施與，　身分及珍寶，　須者皆當說。

「爾時，病人復以偈頌白太子言：

譬如大藥王，　隨意療眾病，　亦如日月光，　普照諸世間。
若能出身髓，　遍塗於我身，　是病乃消除，　長夜得安樂。

「爾時，太子復以偈頌告病人言：

若有諸衆生，　碎我身出髓，　為利於世間，　心不生憂惱。

「爾時，太子即自碎身取其骨髓，與彼病人隨意所用，不生一念悔恨之心。阿難！當知爾時妙花太子豈異人乎？今我身是。四大海水猶可測量，我於往昔行菩薩道，捨身骨髓不可稱計。」

佛告阿難：「乃往古昔時有國王名為月光，端正殊妙諸相具足，見者歡喜，從園苑出，見一盲人貧窮乞匃，生悲愍心，便問之言：『汝何所須？我當施汝，或飲食、衣服、莊嚴資具，金銀、摩尼及諸珍寶，隨汝所欲，皆當與之。』爾時，盲人即以偈頌而白王言：

大王猶日月，　光明照世間，　具足勝功德，　不久生天上。
一切淨妙色，　我今悉不見，　願王起慈悲，　施我所愛眼。

「爾時，大王即以偈頌告盲人言：

汝速來取眼，　令汝得安樂，　願我當來世，　得佛清淨眼。
我行菩薩道，　一切皆當捨，　若我不施汝，　是則違本願。

「爾時，月光王即取利刀自挑其眼，與彼盲人隨意所用，不生一念悔恨之心。阿難！當知爾時月光王者豈異人乎？即我身是。須彌山王猶可度量，我於往昔行菩薩道，捨所愛眼不可稱計。

「阿難！彌勒菩薩往修行菩薩道時，作是願言：『若有衆生薄婬怒癡，成就十善，我於爾時乃成阿耨多羅三藐三菩提。』阿難！於當來世有諸衆生薄婬怒癡，成就十善，彌勒菩薩當爾之時得阿耨多羅三藐三菩提。何以故？由彼菩薩本願力故。」

佛告阿難：「我於往昔行菩薩道作如是言：『願我當於五濁惡世貪瞋垢重，諸惡衆生不孝父母，不敬師長，乃至眷屬不相和睦，我於爾時當成阿耨多羅三藐三菩提。』阿難！以是願故，我今所入城邑聚落多有衆生毀罵於我，以斷常法招集衆會，若行乞食坌以塵土，和諸雜毒與我令食，或以女人誹謗於我。阿難！我於今者以本願力，為如是等諸惡衆生，起大悲心而為說法。」

爾時，阿難白佛言：「世尊！如來、應、正等覺能作難作，能忍難忍，不調伏者悉令調伏，荷擔如是罪垢衆生而為說法。」

佛告阿難：「如是！如是！如汝所說。何以故？如來大悲之所攝故。」

爾時，阿難白佛言：「世尊！我聞如來堅固誓願，身毛皆竪。世尊！當何名此經？我等云何受持？」

佛告阿難：「是經名為彌勒所問，亦名往昔本願因緣，以是名字汝當受持。」

佛說是經已，彌勒菩薩、尊者阿難、一切世間天、人、阿修羅、乾闥婆等，聞佛所說，皆大歡喜，信受奉行。

大寶積經卷第一百一十一

彌勒菩薩所問本願經

彌勒菩薩所問本願經

西晉月氏國三藏竺法護譯

聞如是：一時，佛遊於披祇國妙華山中恐懼樹間鹿所聚處，與大比丘衆俱。比丘五百人，一切賢聖神通已達，悉尊比丘，其名曰：賢者了本際、賢者馬師、賢者惒波、賢者大稱、賢者賢善、賢者離垢、賢者具足、賢者牛呞、賢者鹿吉祥、賢者優為迦葉、賢者那翼迦葉、賢者迦翼迦葉、賢者大迦葉、賢者所說、賢者所著、賢者面王、賢者難提、賢者和難、賢者羅云、賢者阿難，如是之輩五百比丘。復有菩薩如彌勒等五百人，其名曰：增意菩薩、堅意菩薩、辯積菩薩、光世音菩薩、大勢至菩薩、瑛吉祥菩薩、軟吉祥菩薩、神通華菩薩、空無菩薩、憙信淨菩薩、根土菩薩、稱土菩薩、柔軟音響菩薩、淨土菩薩、山積菩薩、具足菩薩、根吉祥菩薩，如是等菩薩五百人。

爾時，彌勒菩薩從座起，整衣服，長跪叉手，白佛言：「願欲有所問，唯天中天聽者乃敢問。」

佛告彌勒菩薩：「我當聽所問，便問在所欲，如來當隨其所欲而發遣之，令心歡喜。」

於是彌勒菩薩得聽所問，踊躍歡喜，白世尊言：「菩薩有幾法行，*背棄諸惡道，不*墮惡知識中？」

佛告彌勒菩薩：「善哉！善哉！彌勒菩薩多所哀念，多所安隱，愍傷諸天及人，乃發意問如來如此之義。諦聽！*當思念之！」

彌勒即言：「唯然！世尊！受教而聽。」

佛言彌勒：「菩薩有一法行，棄諸惡道，不*墮惡知識中。何謂為一？謂寂靜平等道意，是為一法。」

佛語彌勒：「菩薩復有二法行，棄諸惡道，不*墮惡知識中。何等為二？一者、住於定無所起，二者、方便別諸所見；是為二法。」

佛語彌勒：「菩薩復有三法行，棄諸惡道，不*墮惡知識中。何等為三？一者、得大哀法，二者、於空無所習，三者、所知無所念；是為三法。」

佛語彌勒：「菩薩復有四法行，棄諸惡道，不*墮惡知識中。何等為四？一者、立於誠，二者、於一切法無所疑，三者、樂處閑居，四者、等觀；是為四法。」

佛語彌勒：「菩薩復有五法行，棄諸惡道，不*墮惡知識中。何等為五？一者、常立德義，二者、不求他人長短，三者、自省身行，四者、常樂於法，五者、不自念身，常救他人；是為五法。」

佛語彌勒：「菩薩復有六法行，棄諸惡道，不*墮惡知識中。何等為六？一者、不慳貪，二者、除弊惡之心，三者、無愚癡，四者、無麁言，五者、其意如虛空，六者、以空為舍；是為六法。」

佛語彌勒：「菩薩復有七法行，棄諸惡道，不*墮惡知識中。何等為七？一者、有善權之意，二者、能分別於諸法寶，三者、常精進，四者、常當歡悅，五者、得於信忍，六者、善解定意，七者、總智慧明；是為七法。」

佛語彌勒：「菩薩復有八法行，棄諸惡道，不*墮惡知識中。何等為八？一者、得直見，二者、直念，三者、直語，四者、直治，五者、直業，六者、直方便，七者、直意，八者、直定；是為八法。」

佛語彌勒：「菩薩復有九法行，棄諸惡道，不*墮惡知識中。何等為九？一者、菩薩*已脫於欲，遠離諸惡不善之法，無有想念，以得寂定歡喜，行第一一心；二者、已除想念，內意為寂，其心為一，無想無行，便得定意，心為歡悅，行第二一心；三者、離歡喜觀，常為寂定，身得安隱，如諸聖賢，所說所觀，心意無起，行第三一心；四者、苦樂已斷，歡悅憂慼皆悉為止，所觀無苦無樂，其意清淨，得第四一心；五者、過於色想；六者、無復說想；七者、不復念種種想，悉入無央數虛空慧；八者、皆過無央數虛空慧，入無量諸識識知之行；九者、皆過諸識知之慧，無復有無之想；皆過諸無識之慧，便入有想無想之行；⊙悉過有想無想之行☆，不見想得寂定三昧。是為九法。」

佛語彌勒：「菩薩復有十法行，棄諸惡道，不*墮惡知識中。何等為十？一者、得金剛三昧，二者、所住處有所進益三昧，三者、得善權教授三昧，四者、得有念無念御度三昧，五者、得普遍世間三昧，六者、得於苦樂平等三昧，七者、得寶月三昧，八者、得月明三昧，九者、得照明三昧，十者、得二寂三昧，於一切諸法具足。彌勒！是為菩薩十法行，棄諸惡道，不墮惡知識中。」

於是彌勒菩薩以偈讚佛言：

世尊本布施，　妻子及飲食，　頭目無所惜，　佛德度無極。
護禁無所犯，　如鷗愛其毛，　奉戒無與等，　功德度無極。
已現於忍力，　悉等諸苦樂，　忍辱為大勢，　佛德度無極。
已了精進力，　無上德對害，　精進為大至，　佛勤度無極。
已斷一切惡，　導師樂一心，　大慧寂為力，　佛淨度無極。
清淨慧自在，　自然無所起，　智慧常第一，　佛明度無極。
慧降魔官屬，　樹下得大智，　上義離諸穢，　佛力降伏魔。

世尊轉法輪，　大身師子吼，　恐伏諸外道，　佛慧度彼德。
色妙無與等，　戒德及智慧，　精進度諸岸，　佛道過衆德。
難譬不可喻，　無上大智慧，　常講諸法寶，　光明導御衆。

爾時，賢者阿難白佛言：「未曾有！世尊！是彌勒菩薩所願具足，說法無缺減，講法字句平等，所說法句無所縛著，講經竟無亂。」

佛言：「如是！如是！阿難！如其所云，彌勒菩薩辯才具足，所說經法無所缺減。」

佛言：「阿難！彌勒菩薩不獨以偈讚我，乃往過世十無央數劫，爾時，有佛號炎光具*響作王如來、無所著、等正覺、今現在成慧行、安定、世間父、無上士、導御法、天上天下尊、佛、天中天。爾時，有梵志長者子名曰賢行，從園觀出，遙見如來經行，身色光明無央數變。見已心念：『甚善！未曾有也！如來之身不可思議，巍巍如是，光色妙好，威神照曜，吉祥之德以為莊飾。願令我後當來之世，得身具足如是光色，威神照曜，吉祥之德而自莊飾。』作是願已，便身伏地，心念言：『審我當來之世得法身若如來、無所著、等正覺者，如來當過我身上。』

「於時，世尊炎光具*響作王如來，知賢行長者子梵志心之所念，便過其身上。適越其上已，便得不起法忍。於是佛還顧告侍者言：『我所以過長者子梵志賢行身上，即時令得不起法忍，眼能洞視，耳能徹聽，知他人心中所念，自知所從來生，身能飛行，神通具足。』

「佛適過梵志賢行身上，便達衆智，五通具足，無所亡失，即以偈讚佛言：

往來世到十方，　人中尊無與等，　唯志道過諸行，　頤稽首覺導師！

以過諸世間明，　及摩尼火炎光，　佛光明為最上，　頤稽首覺導師！

如師子一鳴吼，　諸小獸無不伏，　佛講法亦如是，　悉降伏諸異道。

眉間相清且徹，　威無量如積雪，　其光明照三界，　佛在世無與等。

聖足下生相輪，　其輪妙有千輻，　此土地及山陵，　不能動無上尊。」

是時，佛告賢者阿難：「欲知爾時長者子梵志賢行者，今彌勒菩薩是。」

賢者阿難即白佛言：「彌勒菩薩得不起忍，久遠乃爾，何以不速逮無上正真道最正覺耶？」

佛語阿難：「菩薩以四事不取正覺。何等為四？一者、淨國土，二者、護國土，三者、淨一切，四者、護一切，是為四事。彌勒菩薩求佛時，以是四事故，不取佛。」

佛言：「阿難！我本求佛時，亦欲淨國土，亦欲淨一切，亦欲護國土，亦欲護一切。彌勒發意先我之前四十二劫，我於其後乃發道意，於此賢劫，以大精進超越九劫，得無上正真之道，成最正覺。」

佛告賢者阿難：「我以十事致最正覺。何等為十？一者、所有無所愛惜，二者、妻婦，三者、兒子，四者、頭目，五者、手足，六者、國土，七者、珍寶財物，八者、髓腦，九者、血肉，十者、不惜身命。阿難！我以此十事疾得佛道。」

佛語阿難：「復有十事疾得佛道。何等為十？一者、以法立於誠德；二者、常行忍辱；三者、常行精進；四者、常一其心；五者、常行智慧，度於無極；六者、不捨一切；七者、已得忍心，等於一切；八者、不習空；九者、得空法忍；十者、得無想之法。阿難！我以此十事，自致得佛道。」

佛語賢者阿難：「我本求佛道時勤苦無數，乃得無上正真之道，其事非一。」

佛言：「阿難！乃過世時有王太子，號曰一切現義，端*正姝好。從園觀而出道，見一人得疾困篤，見已，有哀傷之心，問於病人：『以何等藥得療即痊？』病人答曰：『唯王身血，得療我病。』爾時，太子即以利刀刺身出血，以與病者，至心施與，意無悔恨。」

佛語阿難：「爾時現義太子即我身是。阿難！四大海水尚可升量，我身血施不可稱限，所以爾者，求正覺故。」

佛語賢者阿難：「乃往過世有王太子，號曰蓮花王，端正姝好，威神巍巍。從園觀出遊道，見一人身體病癩，見已，即有哀念心，問於病人：『以何等藥療於汝病？』病者答曰：『得王身髓以塗我體，其病乃愈。』是時，太子即破身骨，以得其髓持與病者，歡喜惠施，心無悔恨。爾時太子即我身是。」

佛語阿難：「四大海水尚可升量，身髓布施不可稱計。」

佛語賢者阿難：「乃往去世有王號曰月明，端正姝好，威神巍巍。從宮而出道，見盲者貧窮飢餓，隨道乞匃，往趣王所而白王言：『王獨尊貴，安隱快樂；我獨貧窮，加復眼盲。』爾時，月明王見此盲人，哀之淚出，謂於盲者：『有何等藥得愈卿病？』盲者答曰：『唯得王眼能愈我病，眼乃得視。』爾時，王月明自取兩眼施與盲者，其心靜然，無一悔意。月明王者即我身是。」

佛言：「須彌山尚可稱知斤兩，我眼布施不可稱計。」

佛語賢者阿難：「彌勒菩薩本求道時，不持耳鼻、頭目、手足、身命、珍寶、城邑、妻子及以國土布施與人，以成佛道，但以善權方便安樂之行，得致無上正真之道。」

阿難白佛：「彌勒菩薩以何善權，得致佛道？」

佛言：「阿難！彌勒菩薩晝夜各三，正衣束體，叉手下膝著地，向於十方說此偈言：

我悔一切過，　勸助衆道德，　歸命禮諸佛，　令得無上慧。」

佛語賢者阿難：「彌勒菩薩以是善權，得無上正真之道最正覺。阿難！彌勒菩薩求道本願：使*某作佛時，令我國中人民，無有諸垢瑕穢，於婬怒癡不大，慇懃奉行十善，我爾乃取無上正覺。」

佛語阿難：「後當來世人民，無有垢穢，奉行十善，於婬怒癡不以經心，正於爾時，彌勒當得無上正真之道，成最正覺。所以者何？彌勒菩薩本願所致。」

佛語賢者阿難：「我本求菩薩道時，欲護一切悉令得淨，處於五濁、婬怒癡中，樂在生死。所以者何？是諸人民多為非法，以非為是，奉行邪道，轉相賊害，不孝父母，心常念惡，惡意向兄弟、妻息、眷屬及他人，輕易師和上，常犯男*女垢濁，轉相食噉，願處是時世，於中為佛。若郡國丘聚縣邑，但說衆惡，轉相賊害，瓦石相擊，杖相撾撥，便共聚會，轉相罵詈。自還其舍，設置飯食，以毒著中，欲害他人。起想垢濁，轉起誹謗，伏匿過惡，還相發露，無復善意。」

佛言：「阿難！我以大哀普念一切，為此輩人講說經法。」

賢者阿難聞佛說此，即白佛言：「未曾有！是天中天、如來、等正覺，能至勤苦普弘大意，調御弊惡令得成就，為除重擔具足法寶，為此輩人說其經法。」

佛言：「如是！阿難！如汝所言，佛能忍此，爾乃應、如來、等正覺教化剛強，為除衆冥，用佛法德具足之故，乃為此人說其經法。」

阿難白佛言：「我聞如來堅重精進等心如是，衣毛為豎。此經名為何等？云何奉行？」

佛言：「阿難！此經名為本願當持慈氏本行、彌勒所問，當善持之。」

佛說經已，彌勒菩薩、賢者阿難、賢者大迦葉、諸大弟子及衆菩薩，一切會者諸天、龍神、乾沓和、世間人，聞經歡喜，前為佛作禮。

彌勒菩薩所問本願經

佛說觀彌勒菩薩上生兜率天經

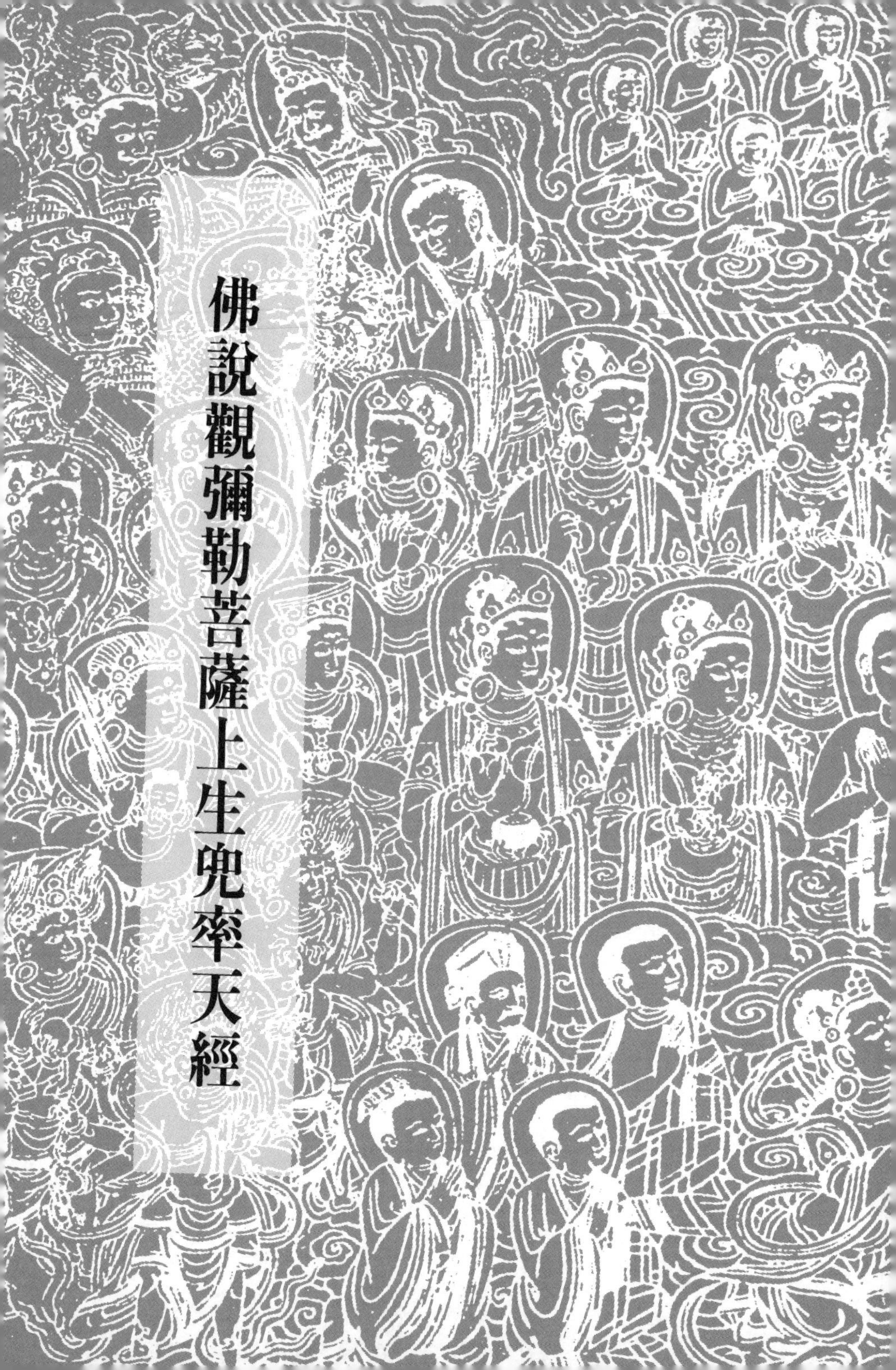

佛說觀彌勒菩薩上生兜率天經

宋居士沮渠京聲譯

如是我聞：一時，佛在舍衛國祇樹給孤獨園。

爾時，世尊於初夜分舉身放光，其光金色，遶祇陀園周遍七匝，照須達舍亦作金色，有金色光猶如*叚雲，遍舍衛國處處皆雨金色蓮花。其光明中有無量百千諸大化佛，皆唱是言：「今於此中有千菩薩，最初成佛名拘留孫，最後成佛名曰樓至。」

說是語已，尊者阿若憍陳如即從禪起，與其眷屬二百五十人俱，尊者摩訶迦葉與其眷屬二百五十人俱，尊者大目犍連與其眷屬二百五十人俱，尊者舍利*弗與其眷屬二百五十人俱，摩訶波闍波提比丘尼與其眷屬千比丘尼俱，須達長者與三千優婆塞俱，毘舍佉母與二千優婆夷俱，復有菩薩摩訶薩名跋陀婆羅與其眷屬十六菩薩俱，文殊師利法王子與其眷屬五百菩薩俱，天、龍、夜叉、乾闥婆等一切大眾覩佛光明皆悉雲集。

爾時，世尊出廣長舌相，放千光明，一一光明各有千色，一一色中有無量化佛，是諸化佛異口同音皆說清淨諸大菩薩甚深不可思議諸陀羅尼法，所謂阿難陀目佉陀羅尼、空慧陀羅尼、無礙性陀羅尼、大解脫無相陀羅尼。爾時，世尊以一音聲說百億陀羅尼門，說此陀羅尼已，爾時，會中有一菩薩名曰彌勒，聞佛所說，應時即得百萬億陀羅尼門，即從座起，整衣服，叉手合掌住立佛前。

爾時，優波離亦從座起，頭面作禮而白佛言：「世尊！世尊往昔於毘尼中及諸經藏說阿逸多次當作佛。此阿逸多具凡夫身，未斷諸漏，此人命終當生何處？其人今者雖復出家，不修禪定，不斷煩惱，佛記此人成佛無疑，此人命終生何國土？」

佛告優波離：「諦聽！諦聽！善思念之！如來、應、正遍知今於此眾說彌勒菩薩摩訶薩阿耨多羅三藐三菩提記。此人從今十二年後命終，必得往生兜率陀天上。爾時，兜率陀天上有五百萬億天子，一一天子皆修甚深檀波羅蜜，為供養一生補處菩薩故，以天福力造作宮殿，各各脫身栴檀摩尼寶冠，長跪合掌發是願言：『我今持此無價寶珠及以天冠為供養大心眾生故，此人來世不久當成阿耨多羅三藐三菩提，我於彼佛莊嚴國界得受記者，令我寶冠化成供具。』如是諸天子等各各長跪，發弘誓願亦復如是。

「時，諸天子作是願已，是諸寶冠化作五百萬億寶宮，一一寶宮有七重垣，一一垣七寶所成，一一寶出五百億光明，一一光明中有五百億蓮華，一一蓮華化作五百億七寶行樹，一一樹葉有五百億寶色，一一寶色有五百億閻浮檀金光，一一閻浮檀金光中出五百億諸天寶女，一一寶女住立樹下執百億寶無數瓔珞出妙音樂，時樂音中演說不退轉地法輪之行。其樹生果如頗黎色，一切眾色入頗梨色中，是諸光明右旋婉轉流出眾音，眾音演說大慈大悲法。一一垣牆高六十二由旬，厚十四由旬，五百億龍王圍繞此垣，一一龍王雨五百億七寶行樹，莊嚴垣上，自然有風吹動此樹，樹相振觸，演說苦、空、無常、無我、諸波羅蜜。

「爾時，此宮有一大神名牢度跋提，即從座起遍禮十方佛，發弘誓願：『若我福德應為彌勒菩薩造善法堂，令我額上自然出珠。』既發願已，額上自然出五百億寶珠，瑠璃頗梨一切衆色無不具足，如紫紺摩尼表裏暎徹，此摩尼光迴旋空中，化為四十九重微妙寶宮，一一欄楯萬億梵摩尼寶所共合成，諸欄楯間自然化生九億天子、五百億天女，一一天子手中化生無量億萬七寶蓮華，一一蓮華上有無量億光，其光明中具諸樂器，如是天樂不鼓自鳴。此聲出時，諸女自然執衆樂器，競起歌舞，所詠歌音演說十善、四弘誓願，諸天聞者皆發無上道心。

「時，諸園中有八色瑠璃渠，一一渠有五百億寶珠而用合成，一一渠中有八味水，八色具足，其水上湧游梁棟間，於四門外化生四花，水出華中如寶花流。一一華上有二十四天女，身色微妙如諸菩薩莊嚴身相，手中自然化五百億寶器，一一器中天諸甘露自然盈滿，左肩荷佩無量瓔珞，右肩復負無量樂器，如雲住空從水而出，讚歎菩薩六波羅蜜，若有往生兜率天上，自然得此天女侍御。亦有七寶大師子座，高四由旬，閻浮檀金無量衆寶以為莊嚴，座四角頭生四蓮華，一一蓮華百寶所成，一一寶出百億光明，其光微妙化為五百億衆寶雜花莊嚴寶帳，時十方面百千梵王各各持一梵天妙寶以為寶鈴懸寶帳上，時小梵王持天衆寶以為羅網彌覆帳上。爾時，百千無數天子天女眷屬各持寶華以布座上，是諸蓮花自然皆出五百億寶女，手執白拂侍立帳內，持宮四角有四寶柱，一一寶柱有百千樓閣，梵摩尼珠以為絞絡。時諸閣間有百千天女，色妙無比手執樂器，其樂音中演說苦、空、無常、無我、諸波羅蜜，如是天宮有百億萬無量寶色，一一諸女亦同寶色。爾時，十方無量諸天命終，皆願往生兜率天宮。

「時，兜率天宮有五大神：第一大神名曰寶幢，身雨七寶散宮牆內，一一寶珠化成無量樂器，懸處空中不鼓自鳴，有無量音適衆生意。第二大神名曰花德，身雨衆花彌覆宮牆化成花蓋，一一花蓋百千幢幡以為導引。第三大神名曰香音，身毛孔中雨出微妙海此岸旃檀香，其香如雲作百寶色遶宮七匝。第四大神名曰喜樂，雨如意珠，一一寶珠自然住在幢幡之上，顯說無量歸佛、歸法、歸比丘僧，及說五戒、無量善法、諸波羅蜜，饒益勸助菩提意者。第五大神名曰正音聲，身諸毛孔流出衆水，一一水上有五百億花，一一華上有二十五玉女，一一玉女身諸毛孔出一切音聲，勝天魔后所有音樂。」

佛告優波離：「此名兜率陀天十善報應勝妙福處。若我住世一小劫中廣說一生補處菩薩報應及十善果者不能窮盡，今為汝等畧而解說。」

佛告優波離：「若有比丘及一切大衆不厭生死樂生天者，愛敬無上菩提心者，欲為彌勒作弟子者，當作是觀。作是觀者應持五戒、八齋、具足戒，身心精進不求斷結，修十善法，一一思惟兜率陀天上上妙快樂。作是觀者名為正觀，若他觀者名為邪觀。」

爾時，優波離即從座起，整衣服頭面作禮，白佛言：「世尊！兜率陀天上乃有如是極妙樂事，今此大士何時於閻浮提沒生於彼天？」

佛告優波離：「彌勒先於波羅捺國劫波利村波婆利大婆羅門家生，却後十二年二月十五日，還本生處結加趺坐如入滅定，身紫金色光明豔赫如百千日，上至兜率陀天，其身舍利如鑄金像不動不搖，身圓光中有首楞嚴三昧、般若波羅蜜，字義炳然。時，諸人天尋即為起眾寶妙塔供養舍利。時，兜率陀天七寶臺內摩尼殿上師子床座忽然化生，於蓮華上結加趺坐，身如閻浮檀金色，長十六由旬，三十二相、八十種好皆悉具足，頂上肉髻髮紺瑠璃色，釋迦毘楞伽摩尼百千萬億甄叔迦寶以嚴天冠，其天寶冠有百萬億色，一一色中有無量百千化佛，諸化菩薩以為侍者，復有他方諸大菩薩作十八變隨意自在住天冠中。彌勒眉間有白毫相光，流出眾光作百寶色，三十二相一一相中有五百億寶色，一一好⊙中亦有五百億寶色，一一相好艷出八萬四千光明雲，與諸天子各坐花座，晝夜六時常說不退轉地法輪之行，經一時中成就五百億天子，令不退轉於阿耨多羅三藐三菩提，如是處兜率陀天晝夜恒說此法度諸天子。閻浮提歲數五十六億萬歲，爾乃下生於閻浮提，如彌勒下生經說。」

佛告優波離：「是名彌勒菩薩於閻浮提沒生兜率陀天因緣。佛滅度後，我諸弟子若有精勤修諸功德，威儀不缺，掃塔塗地，以眾名香、妙花供養，行眾三昧，深入正受讀誦經典，如是等人應當至心，雖不斷結如得六通，應當繫念念佛形像，稱彌勒名。如是等輩，若一念頃受八戒齋，修諸淨業發弘誓願，命終之後譬如壯士屈申臂頃，即得往生兜率陀天，於蓮華上結加趺坐。百千天子作天伎樂，持天曼陀羅花、摩訶曼陀羅華，以散其上，讚言：『善哉！善哉！善男子！汝於閻浮提廣修福業來生此處，此處名兜率陀天。今此天主名曰彌勒，汝當歸依。』應聲即禮，禮已，諦觀眉間白毫相光，即得超越九十億劫生死之罪。是時菩薩隨其宿緣為說妙法，令其堅固不退轉於無上道心。如是等衆生若淨諸業，行六事法，必定無疑當得生於兜率天上值遇彌勒，亦隨彌勒下閻浮提第一聞法，於未來世值遇賢劫一切諸佛，於星宿劫亦得值遇諸佛世尊，於諸佛前受菩提記。」

佛告優波離：「佛滅度後，比丘、比丘尼、優婆塞、優婆夷、天、龍、夜叉、乾闥婆、阿脩羅、迦樓羅、緊那羅、摩睺羅伽等，是諸大衆若有得聞彌勒菩薩摩訶薩名者，聞已歡喜恭敬禮拜，此人命終如彈指頃即得往生，如前無異。但得聞是彌勒名者，命終亦不墮黑闇處、邊地、邪見、諸惡律儀，恒生正見，眷屬成就，不謗三寶。」

佛告優波離：「若善男子、善女人犯諸禁戒，造衆惡業，聞是菩薩大悲名字，五體投地誠心懺悔，是諸惡業速得清淨。未來世中諸衆生等，聞是菩薩大悲名稱，造立形像，香花、衣服、繒蓋、幢幡，禮拜繫念，此人命欲終時，彌勒菩薩放眉間白毫大人相光，與諸天子雨曼陀羅花來迎此人。此人須臾即得往生，值遇彌勒頭面禮敬，未舉頭頃便得聞法，即於無上道得不退轉，於未來世得值恒河沙等諸佛如來。」

佛告優波離：「汝今諦聽！是彌勒菩薩於未來世當為衆生作大歸依處，若有歸依彌勒菩薩者，當知是人於無上道得不退轉。彌勒菩薩成多陀阿伽度、阿羅訶、三藐三佛陀時，如此行人見佛光明即得授記。」

佛告優波離：「佛滅度後，四部弟子、天、龍、鬼神，若有欲生兜率陀天者，當作是觀繫念思惟。念兜率陀天，持佛禁戒一日至七日，思念十善，行十善道，以此功德迴向，願生彌勒前者，當作是觀。作是觀者，若見一天人、見一蓮花，若一念頃稱彌勒名，此人除却千二百劫生死之罪；但聞彌勒名合掌恭敬，此人除却五十劫生死之罪；若有敬禮彌勒者，除却百億劫生死之罪。設不生天，未來世中龍花菩提樹下亦得值遇，發無上心。」

說是語時，無量大衆即從坐起，頂禮佛足，禮彌勒足，遶佛及彌勒菩薩百千匝，未得道者各發誓願：「我等天人八部，今於佛前發誠實誓願，於未來世值遇彌勒，捨此身已皆得上生兜率陀天。」

世尊記曰：「汝等及未來世修福持戒，皆當往生彌勒菩薩前，為彌勒菩薩之所攝受。」

佛告優波離：「作是觀者名為正觀，若他觀者名為邪觀。」

爾時，尊者阿難即從座起，叉手長跪白佛言：「世尊！善哉！世尊！快說彌勒所有功德，亦記未來世修福衆生所得果報，我今隨喜。唯然！世尊！此法之要云何受持？當何名此經？」

佛告阿難：「汝持佛語慎勿忘失，為未來世開生天路、示菩提相，莫斷佛種。此經名彌勒菩薩般涅槃，亦名觀彌勒菩薩⊙上生兜率陀天勸發菩提心，如是受持。」

佛說是語時，他方來會十萬菩薩得首楞嚴三昧，八萬億諸天發菩提心，皆願隨從彌勒下生。佛說是語時，四部弟子、天龍八部聞佛所說，皆大歡喜，禮佛而退。

佛說觀彌勒菩薩上生兜率天經

佛說彌勒下生成佛經

佛說彌勒下生成佛經

後秦龜茲國三藏鳩摩羅什譯

大智舍利弗能隨佛轉法輪，佛法之大將，憐愍眾生故白佛言：「世尊！如前後經中說彌勒當下作佛，願欲廣聞彌勒功德神力國土莊嚴之事，眾生以何施、何戒、何慧得見彌勒？」

爾時，佛告舍利弗：「我今廣為汝說，當一心聽。舍利弗！四大海水以漸減少三千由旬，是時　閻浮提地長十千由旬，廣八千由旬，平坦如鏡，名華軟草遍覆其地，種種樹木華果茂盛，其樹悉皆高三十里，城邑次比雞飛相及。人壽八萬四千歲，智慧威德色力具足安隱快樂，唯有三病，一者、便利，二者、飲食，三者、衰老。女人年五百歲，爾乃行嫁。

「是時，有一大城名翅頭末，長十二由旬廣七由旬，端嚴殊妙莊嚴清淨，福德之人充滿其中，以福德人故豐樂安隱。其城七寶上有樓閣，戶牖軒窓皆是眾寶，真珠羅網彌覆其上；街巷道陌廣十二里，掃灑清淨。有大力龍王名曰多羅尸棄，其池近城，龍王宮殿在此池中，常於夜半降微細雨用淹塵土，其地潤澤譬若油塗，行人來往無有塵坌。時世人民福德所致，巷陌處處有明珠柱，皆高十里，其光明曜晝夜無異，燈燭之明不復為用。城邑舍宅及諸里巷，乃至無有細微土塊，純以金沙覆地，處處皆有金銀之聚。有大夜叉神名跋陀波羅賒塞迦秦言善教，常護此城掃除清淨，若有便利不淨，地裂受之，受已還合。人命將終，自然行詣塚間而死。時世安樂，無有怨賊劫竊之患，城邑聚落無閉門者，亦無衰惱、水火、刀兵及諸饑饉毒害之難。人常慈心恭敬和順，調伏諸根語言謙遜。

「舍利弗！我今為汝粗略說彼國界城邑富樂之事。其諸園林池泉之中，自然而有八功德水，青紅赤白雜色蓮花遍覆其上，其池四邊四寶階道，眾鳥和集，鵝鴨、鴛鴦、孔雀、翡翠、鸚鵡、舍利、鳩那羅、耆婆耆婆等，諸妙音鳥常在其中，復有異類妙音之鳥，不可稱數，果樹、香樹充滿國內。爾時，閻浮提中常有好香譬如香山，流水美好味甘除患，雨澤隨時穀稼滋茂，不生草穢一種七穫，用功甚少所收甚多，食之香美氣力充實。

「其國爾時有轉輪王名曰蠰佉，有四種兵，不以威武治四天下。其王千子，勇健多力能破怨敵。王有七寶：金輪寶、象寶、馬寶、珠寶、女寶、主藏寶、主兵寶。又其國土有七寶臺，舉高千丈，千頭千輪，廣六十丈。又有四大藏，一一大藏各有四億小藏圍繞；伊勒鉢大藏在乾陀羅國，般軸迦大藏在彌緹羅國，賓伽羅大藏在須羅吒國，蠰佉大藏在波羅捺國。此四大藏縱廣千由旬，滿中珍寶，各有四億小藏附之，有四大龍王各自守護。此四大藏及諸小藏自然踊出，形如蓮華，無央數人皆共往觀。是時衆寶無守護者，衆人見之心不貪著，棄之於地猶如瓦石草木土塊，時人見者皆生厭心，而作是念：『往昔衆生為此寶故共相殘害，更相偷劫、欺誑、妄語，令生死罪緣展轉增長。』

「翅頭末城衆寶羅網彌覆其上，寶鈴莊嚴微風吹動，其聲和雅如扣鐘磬。其城中有大婆羅門主，名曰妙梵，婆羅門女名曰梵摩波提，彌勒託生以為父母。身紫金色三十二相，衆生視之無有厭足，身力無量不可思議，光明照曜無所障礙，日月火珠都不復現，身長千尺胸廣三十丈，面長十二丈四尺，身體具足端正無比，成就相好如鑄金像，肉眼清淨見十由旬，常光四照面百由旬，日月火珠光不復現，但有佛光微妙第一。

「彌勒菩薩觀世五欲致患甚多，衆生沈沒在大生死甚可憐愍，自以如是正念觀故，不樂在家。

「時，蠰佉王共諸大臣持此寶臺奉上彌勒，彌勒受已施諸婆羅門，婆羅門受已即便毀壞各共分之。彌勒菩薩見此妙臺須臾無常，知一切法皆亦磨滅，修無常想出家學道，坐於龍華菩提樹下，樹莖枝葉高五十里，即以出家日得阿耨多羅三藐三菩提。

「爾時，諸天龍神王不現其身，而雨華香供養於佛，三千大千世界皆大震動，佛身出光照無量國，應可度者皆得見佛。

「爾時，人民各作是念：『雖復千萬億歲受五欲樂，不能得免三惡道苦，妻子財產所不能救，世間無常命難久保，我等今者宜於佛法修行梵行。』作是念已，出家學道。

「時，蠰佉王亦共八萬四千大臣，恭敬圍繞出家學道。復有八萬四千諸婆羅門，聰明大智，於佛法中亦共出家。復有長者名須達那，今須達長者是，是人亦與八萬四千人俱共出家。復有梨師達多富蘭那兄弟，亦與八萬四千人出家。復有二大臣，一名栴檀，二名須曼，王所愛重，亦與八萬四千人俱，於佛法中出家。蠰佉王寶女名舍彌婆帝，今之毘舍佉是也，亦與八萬四千婇女俱共出家。蠰佉王太子名曰天色，今提婆娑那是，亦與八萬四千人俱共出家。彌勒佛親族婆羅門子名須摩提，利根智慧，今鬱多羅是，亦與八萬四千人俱，於佛法中出家。如是等無量千萬億眾見世苦惱，皆於彌勒佛法中出家。

「爾時，彌勒佛見諸大眾，作是念言：『今諸人等不以生天樂故，亦復不為今世樂故來至我所，但為涅槃常樂因緣，是諸人等皆於佛法中種諸善根，釋迦牟尼佛遣來付我，是故今者皆至我所，我今受之。是諸人等或以讀誦分別決定修妬路、毘尼、阿毘曇藏，修諸功德來至我所；或以衣食施人、持戒、智慧，修此功德來至我所；或以幡蓋華香供養於佛，修此功德來至我所；或以布施、持齋、修習慈心，行此功德來至我所；或為苦惱眾生令其得樂，修此功德來至我所；或以持戒、忍辱、修清淨慈，以此功德來至我所；或以施僧常食、齋講設會、供養飯食，修此功德來至我所；或以持戒、多聞、修行禪定、無漏智慧，以此功德來至我所；或以起塔供養舍利，以此功德來至我所。善哉！釋迦牟尼佛能善教化如是等百千萬億眾生，令至我所！』

「彌勒佛如是三稱讚釋迦牟尼佛，然後說法而作是言：『汝等眾生能為難事，於彼惡世貪欲、瞋恚、愚癡、迷惑、短命人中，能修持戒作諸功德，甚為希有！爾時，眾生不識父母、沙門、婆羅門，不知道法，互相惱害近刀兵劫，深著五欲嫉妬諂曲，佞濁邪偽無憐愍心，更相殺害食肉飲血，汝等能於其中修行善事，是為希有！善哉！釋迦牟尼佛以大悲心能於苦惱眾生之中說誠實語，示我當來度脫汝等，如是之師甚為難遇，深心憐愍惡世眾生，救拔苦惱令得安隱。釋迦牟尼佛為汝等故，以頭布施，割截耳鼻手足支體，受諸苦惱以利汝等。』

「彌勒佛如是開導安慰無量眾生，令其歡喜，然後說法。福德之人充滿其中，恭敬信受渴仰大師，各欲聞法皆作是念：『五欲不淨眾苦之本。』又能除捨憂慼愁惱，知苦樂法皆是無常。

「彌勒佛觀察時會大眾心淨調柔，為說四諦，聞者同時得涅槃道。

「爾時，彌勒佛於華林園，其園縱廣一百由旬，大眾滿中，初會說法，九十六億人得阿羅漢；第二大會說法，九十四億人得阿羅漢；第三大會說法，九十二億人得阿羅漢。彌勒佛既轉法輪度天人已，將諸弟子入城乞食，無量淨居天眾恭敬從佛入翅頭末城，當入城時現種種神力無量變現。釋提桓因與欲界諸天，梵天王與色界諸天，作百千伎樂歌詠佛德，雨天諸華，栴檀末香供養於佛，街巷道陌竪諸幡蓋，燒眾名香其煙如雲。

「世尊入城時，大梵天王釋提桓因合掌恭敬以偈讚曰：

　正遍知者兩足尊，天人世間無與等，十力世尊甚希有，無上最勝良福田！
　其供養者生天上，稽首無比大精進！

「爾時，天人羅剎等，見大力魔佛降伏之，千萬億無量衆生皆大歡喜，合掌唱言：『甚為希有！甚為希有！如來神力功德具足不可思議。』

「是時，天人以種種雜色蓮花及曼陀羅花，散佛前地積至于膝，諸天空中作百千伎樂歌歎佛德。

「爾時，魔王於初夜、後夜覺諸人民，作如是言：『汝等既得人身值遇好時，不應竟夜眠睡覆心。汝等若立若坐，常勤精進，正念諦觀五陰無常、苦、空、無我。汝等勿為放逸不行佛教，若起惡業後必致悔。』

「時，街巷男女皆効此語言：『汝等勿為放逸不行佛教，若起惡業後必有悔。當勤方便精進求道，莫失法利而徒生徒死也！如是大師拔苦惱者甚為難遇，堅固精進當得常樂涅槃。』

「爾時，彌勒佛諸弟子普皆端正威儀具足，厭生老病死，多聞廣學，守護法藏，行於禪定，得離諸欲如鳥出㲉。

「爾時，彌勒佛欲往長老大迦葉所，即與四衆俱就耆闍崛山，於山頂上見大迦葉。

「時，男女大衆心皆驚怪，彌勒佛讚言：『大迦葉比丘是釋迦牟尼佛大弟子，釋迦牟尼佛於大衆中常所讚歎頭陀第一，通達禪定解脫三昧，是人雖有大神力而無高心，能令衆生得大歡喜，常愍下賤貧惱衆生，救拔苦惱令得安隱。』

「彌勒佛讚大迦葉骨身言：『善哉！大神德釋師子大弟子大迦葉！於彼惡世能修其心。』

「爾時，人衆見大迦葉為彌勒佛所讚，百千億人因是事已厭世得道，是諸人等念：『釋迦牟尼佛於惡世中教化無量衆生，令得具六神通成阿羅漢。』

「爾時，說法之處廣八十由旬長百由旬，其中人衆若坐、若立、若近、若遠，各各自見佛在其前獨為說法。彌勒佛住世六萬歲，憐愍衆生令得法眼，滅度之後法住於世亦六萬歲，汝等宜應精進發清淨心起諸善業，得見世間燈明彌勒佛身必無疑也！」

佛說是經已，舍利弗等歡喜受持。

佛說彌勒下生成佛經

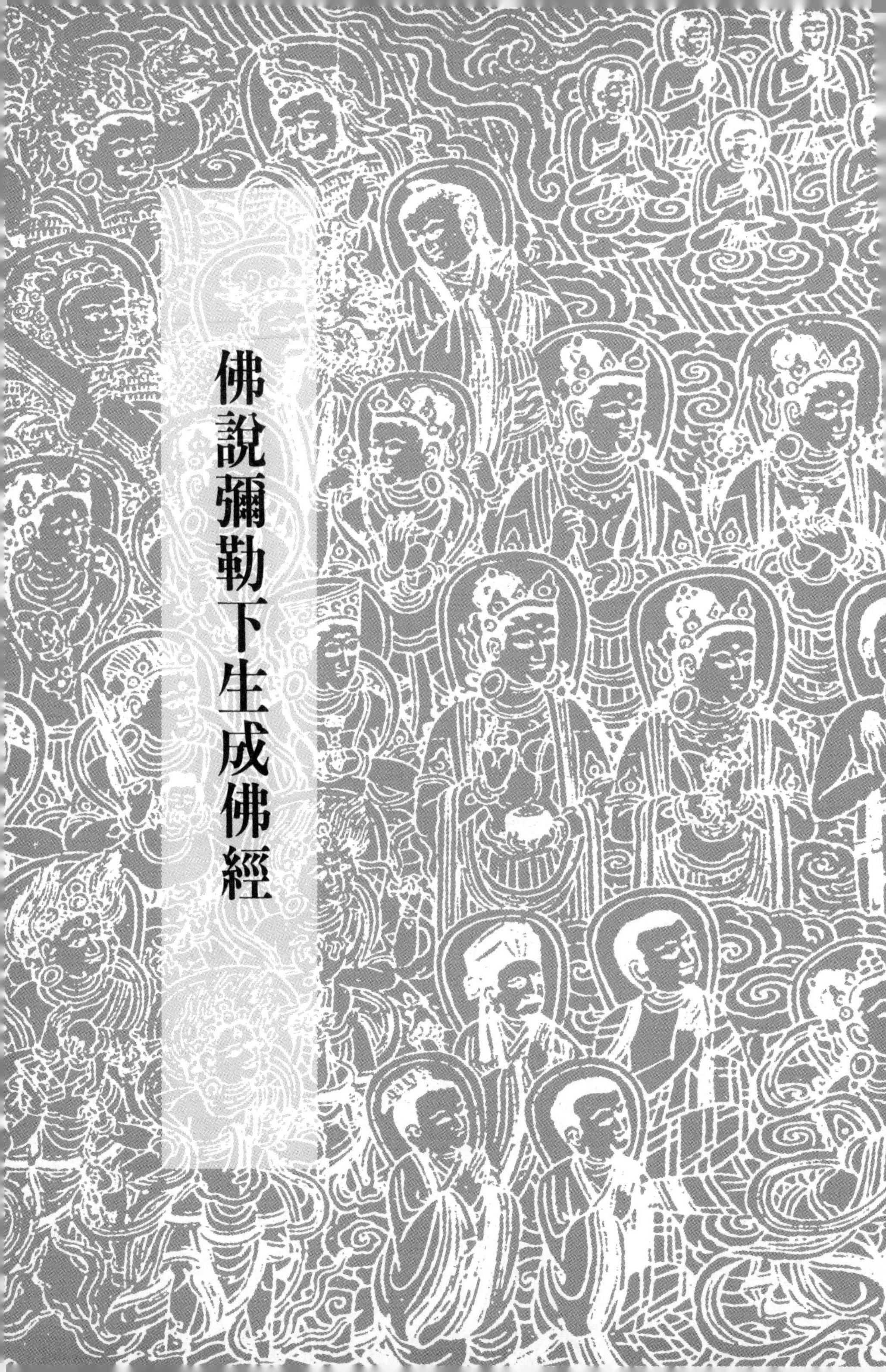

佛說彌勒下生成佛經

佛說彌勒下生成佛經

唐三藏法師義淨奉　制譯

如是我聞：一時，薄伽梵在王舍城鷲峯山上，與大苾芻、菩薩眾俱。

爾時，大智舍利子法將中最，哀愍世間，從座而起，偏袒右肩，右膝著地，合掌恭敬而白佛言：「世尊！我今欲少諮問，願垂聽許。」

佛告舍利弗：「隨汝所問，我當為說。」

時，舍利子即以伽他請世尊曰：

大師所授記，　當來佛下生，　彼號為慈氏，　如前後經說。
唯願人中尊，　伽陀重分別，　彼神通威德，　我今樂欲聞。

佛告舍利子：　應至心諦聽，　當來慈氏尊，　為汝廣宣說。

爾時大海水，　以漸減三千，　二百踰繕那，　為顯輪王路。
贍部洲縱廣，　有萬踰繕那，　有情住其中，　在處皆充滿。
國土咸富盛，　無罰無災厄，　彼諸男女等，　皆由善業生。
地無諸棘刺，　唯生青軟草，　履踐隨人足，　喻若覩羅棉；
自然出香稻，　美味皆充足，　諸樹生衣服，　衆綵共莊嚴，
樹高三俱舍，　花菓常充實。　時彼國中人，　皆壽八萬歲，
無有諸疾苦，　離惱常安樂，　具相悉端嚴，　色力皆圓滿。
人患有三種，　食衰老便利，　女年五百歲，　方乃作婚姻。
諸有欲便利，　地裂而容受；　人命將終盡，　自往詣屍林。
城名妙幢相，　輪王之所都，　縱十二由旬，　廣七由旬量。
其中所居者，　皆曾植妙因，　此城有勝德，　住者咸歡喜。
樓臺并却敵，　七寶之所成，　闌鑰及門庭，　種種寶嚴飾。
繞堞諸隍塹，　皆營以妙珍，　名花悉充滿，　好鳥皆翔集。

七行多羅樹，周匝而圍遶，衆寶以莊嚴，皆懸網鈴鐸。
微風吹寶樹，演出衆妙聲，猶如奏八音，聞者生歡喜。
處處有池沼，彌覆雜色花，園苑擢芳林，莊嚴此城郭。
國中有聖主，其名曰餉佉，金輪王四洲，富盛多威力。
其王福德業，勇健兼四兵，七寶皆成就，千子悉具足。
四海咸清肅，無有戰兵戈，正法理群生，設化皆平等。
王有四大藏，各在諸國中，一一藏皆有，珍寶百萬億。
羯陵伽國內，藏名氷竭羅；蜜絺羅國中，般逐迦大藏；
伊羅鉢羅藏，安處揵陀國；婆羅痆斯境，藏名為餉佉。
此諸四伏藏，咸屬餉佉王，百福之所資，果報咸成就。
輔國之大臣，婆羅門善淨，四明皆曉達，多聞為國師。
博通諸雜論，善教有聞持，訓解及聲明，莫不咸究了。
有女名淨妙，為大臣夫人，名稱相端嚴，見者皆歡悅。

大丈夫慈氏，辭於喜足天，來託彼夫人，作後身生處。
即懷此大聖，滿足於十月，於是慈尊母，往趣妙花園。
至彼妙園中，不坐亦不臥，徐立攀花樹，俄誕勝慈尊。
爾時最勝尊，出母右脇已，如日出雲翳，普放大光明。
不染觸胞胎，如蓮花出水，光流三界內，咸仰大慈輝。
當爾降生時，千眼帝釋主，躬自擎菩薩，欣逢兩足尊。
菩薩於此時，自然行七步，而於足履處，皆出寶蓮花。
遍觀於十方，告諸天人衆，我此身最後，無生證涅槃。
龍降清涼水，澡沐大悲身，天散殊妙花，虛空遍飄灑。
諸天持白蓋，掩庇大慈尊，各生希有心，守護於菩薩。
褓母擎菩薩，三十二相身，具足諸光明，捧持來授母。
御者進雕輦，皆用寶莊嚴，母子昇其中，諸天共持輿。
千種妙音樂，引導而還宮，慈氏入都城，天花如雨落。

慈尊誕降日，懷妊諸婇女，普得身安隱，皆生智慧男。
善淨慈尊父，覩子奇妙容，具三十二相，心生大歡喜。
父依占察法，知子有二相，處俗作輪王，出家成正覺。
菩薩既成立，慈愍諸群生，衆苦險難中，輪迴常不息。
金色光明朗，聲如大梵音，目等青蓮葉，支體悉圓滿。
身長八十肘，二十肘肩量，面廣肩量半，滿月相端嚴。
菩薩明衆藝，善教受學者，請業童蒙等，八萬四千人。
時彼餉佉王，建立七寶幢，幢高七十尋，廣有尋六十。
寶幢造成已，王發大捨心，施與婆羅門，等設無遮會。
其時諸梵志，數有一千人，得此妙寶幢，毀坼須臾頃。
菩薩覩斯已，念世俗皆然，生死苦羈籠，思求於出離。
祈誠寂滅道，棄俗而出家，生老病死中，救之令得出。
慈尊興願曰，八萬四千人，俱生厭離心，並隨修梵行。

於初發心夜，捨俗而出家，還於此夜中，而昇等覺地。
時有菩提樹，號名曰龍花，高四踰繕那，蓊欝而榮茂。
枝條覆四面，蔭六俱盧舍，慈氏大悲尊，於下成正覺。
於人中尊勝，具八梵音聲，說法度衆生，令離諸煩惱。
苦及苦生處，一切皆除滅，能修八正道，登彼涅槃岸。
為諸清信者，說此四真諦，得聞此*妙法，至誠而奉持。
於妙花園中，諸衆如雲集，滿百由旬內，眷屬皆充滿。
彼輪王餉佉，聞深妙法已，罄捨諸珍寶，祈心慕出家。
不戀上宮闈，至求於出離，八萬四千衆，咸隨而出家。
復八萬四千，婆羅門童子，聞王捨塵俗，亦來求出家。
主藏臣長者，其名曰善財，并與千眷屬，亦來求出家。
寶女毘舍佉，及餘諸從者，八萬四千衆，亦來求出家。
復過百千數，善男善女等，聞佛宣妙法，亦來求出家。

*無上天人尊，大慈悲聖主，普觀衆心已，而演出要法。
告衆汝應知，慈悲釋迦主，教汝修正道，來生我法中。
或以香花鬘，幢幡蓋嚴飾，供養牟尼主，來生我法中。
或鬱金沈水，香泥用塗拭，供養牟尼塔，來生我法中。
或歸佛法僧，恭敬常親近，當修諸善行，來生我法中。
或於佛法中，受持諸學處，善護無缺犯，來生我法中。
或於四方僧，施衣服飲食，並奉妙醫藥，來生我法中。
或於四齋辰，及在神通月，受持八支戒，來生我法中。
或以三種通，神境記教授，化*導聲聞衆，咸令煩惑除。
初會為說法，廣度諸聲聞，九十六億人，令出煩惱障。
第二會說法，廣度諸聲聞，九十四億人，令渡無明海。
第三會說法，廣度諸聲聞，九十二億人，令心善調伏。
三轉法輪已，人天普純淨，將諸弟子衆，乞食入城中。

既入妙幢城，衢巷皆嚴飾，為供養佛故，天雨曼陀花，
四王及梵王，並餘諸天眾，香花鬘供養，輔翼大悲尊。
大威德諸天，散以妙衣服，繽紛遍城邑，瞻仰大醫王，
以妙寶香花，散灑諸衢街，履踐於其上，喻若覩羅綿。
音樂及幢幡，夾路而行列，人天帝釋眾，稱讚大慈尊。
南謨天上尊，南謨士中勝，善哉薄伽梵，能哀愍世間！
有大威德天，當作魔王眾，歸心合掌禮，讚仰於導師。
梵王諸天眾，眷屬而圍遶，各以梵音聲，闡揚微妙法。
於此世界中，多是阿羅漢，蠲除有漏業，永離煩惱苦。
人天龍神等，乾闥阿修羅，羅剎及藥叉，皆歡喜供養。
彼時諸大眾，斷障除疑惑，超越生死流，善修清淨行。
彼時諸大眾，離著棄珍財，無我我所心，善修清淨行。
彼時諸大眾，毀破貪愛網，圓滿靜慮心，善修清淨行。

慈氏天人尊，　哀愍有情類，　期於六萬歲，　說法度衆生。
化滿百千億，　令度煩惱海，　有緣皆拯濟，　方入涅槃城。
慈氏大悲尊，　入般涅槃後，　正法住於世，　亦滿六萬年。
若於我法中，　深心能信受，　當來下生日，　必奉大悲尊。
若有聰慧者，　聞說如是事，　誰不起欣樂，　願逢慈氏尊。
若求解脫人，　希遇龍花會，　常供養三寶，　當勤莫放逸。

爾時，世尊為舍利子及諸大衆，記說當來慈氏事已，復告舍利子：「若有善男子、善女人聞此法已，受持讀誦，為他演說，如說修行，香花供養，書寫經卷，是諸人等，當來之世，必得值遇慈氏下生，於三會中，咸蒙救度。」

爾時，世尊說此頌已，舍利子及諸大衆，歡喜信受，頂戴奉行。

佛說彌勒下生成佛經

按：開元錄彌勒下生經，前後六譯，三存三失，而此本亦在三存之一也，則宋藏無此經者，失之耳。今得於丹藏而編入之。

佛說彌勒下生經

佛說彌勒下生經

西晉月氏三藏竺法護譯

聞如是：一時，佛在舍衞國祇樹給孤獨園，與大比丘衆五百人俱。

爾時，阿難偏露右肩，右膝著地，白佛言：「如來玄鑒，無事不察，當來、過去、現在三世皆悉明了。過去諸佛姓字名號，弟子菩薩翼從，多少皆悉知之，一劫、百劫、若無數劫皆悉觀察，亦復如是，國王、大臣、人民、姓字*悉能分別，如今現在國界若干亦復明了。將來久遠彌勒出現，至真、等正覺，欲聞其變，弟子翼從，佛境豐樂，為經幾時？」

佛告阿難：「汝還就坐，聽我所說。彌勒出現，國土豐樂，弟子多少，善思念之！執在心懷。」

是時，阿難從佛受教，即還就坐。爾時，世尊告阿難曰：「將來久遠，於此國界，當有城郭，名曰翅頭。東、西十二由旬，南、北七由旬，土地豐熟，人民熾盛，街巷成行。爾時，城中有龍王名曰水光，夜雨香澤，晝則清和。是時翅頭城中有羅剎鬼名曰葉華，所行順法，不違正教，每向人民寢寐之後，除去穢惡諸不淨者，常以香汁而灑其地，極為香淨。阿難！當知爾時閻浮地東、西、南、北千萬由旬，諸山河石壁皆自消滅，四大海水各減一萬。時閻浮地極為平整如鏡清明，舉閻浮地內穀食豐賤，人民熾盛，多諸珍寶，諸村落相近，雞鳴相接。是時弊華果樹枯竭穢惡亦自消滅，其餘甘美果樹香氣殊好者皆生于地。

「爾時，時氣和適四時順節，人身之中無有百八之患，貪欲、瞋恚、愚癡不大慇懃，人心均平皆同一意，相見歡悅，善言相向，言辭一類無有差別，如彼優單越人而無有異。是時，閻浮地內人民大小皆同一向，無若干之差別也。彼時男女之類，意欲大小便時，地自然開，事訖之後，地便還合。爾時，閻浮地內自然生粳米，亦無皮裏極為香美，食無患苦。所謂金、銀、珍寶、車璖、馬瑙、真珠、虎珀各散在地，無人省錄。是時，人民手執此寶自相謂言：『昔者之人由此寶故，更相傷害，繫閉在獄，受無數苦惱，如今此寶與瓦石同流，無人守護。』

「爾時，法王出現，名曰蠰佉，正法治化，七寶成就。所謂七寶者，⊙金輪寶、象寶、馬寶、珠寶、玉女寶、典兵寶、守藏之寶，是謂七寶。鎮此閻浮地內，不以刀杖，自然靡伏。

「如今，阿難！四珍之藏，乾陀越國伊羅鉢寶藏，多諸珍*寶異物不可稱計。第二彌梯羅國綢羅大藏，亦多珍寶。第三須賴吒大國有大寶藏，亦多珍寶。第四波羅棕蠰佉有大寶藏，多諸珍寶不可稱計。此四大藏自然應現，諸守藏人各來白王：『唯願大王以此寶藏之物，惠施貧窮！』爾時，蠰佉大王得此寶已，亦復不省錄之，意無財寶之想。時，閻浮地內自然樹上生衣，極細柔軟，人取著之；如今優單越人，自然樹上生衣，而無有異。

「爾時，彼王有大臣名曰修梵摩，是王少小同好，王甚愛敬。又且顏貌端正，不長不短，不肥不瘦，不白不黑，不老不少。是時，修梵摩有妻名梵摩越，王女中最極為殊妙，如天帝妃，口作優鉢蓮華香，身作栴檀香，諸婦人八十四態永無復有，亦無疾病亂想之念。

「爾時，彌勒菩薩於兜率天，觀察父母不老不少，便降神下，應從右脇生，如我今日右脇生無異，彌勒菩薩亦復如是。兜率諸天各各唱令：『彌勒菩薩已降神生。』是時，修梵摩即與子立字，名曰彌勒，彌勒菩薩有三十二相、八十種好，莊嚴其身，身黃金色。爾時，人壽極長無有諸患，皆壽八萬四千歲，女人年五百歲然後出嫡。

「爾時，彌勒在家，未經幾時，便當出家學道。爾時，去翅頭城不遠有道樹名曰龍花，高一由旬，廣五百步。時，彌勒菩薩坐彼樹下成無上道果，當其夜半彌勒出家，即於其夜成無上道。時，三千大千剎土六返震動，地神各各相告曰：『今時彌勒已成佛！』轉至聞四天王宮：『彌勒已成佛道！』轉轉聞徹三十三天、豔天、兜率天、化*樂天、他化自在天，聲聞展轉至梵天：『彌勒已成佛道！』

「爾時，魔王名大將，以法治化，聞如來名音響之聲，歡喜踊躍，不能自勝，七日七夜不眠不寐。是時，魔王將欲界無數天人至彌勒佛所，恭敬禮拜。彌勒聖尊與諸天人，漸漸說法微妙之論，所謂論者，施論、戒論、生天之論，欲不淨想出要為妙。爾時，彌勒見諸人民已發心歡喜，諸佛世尊常所說法：苦、習、盡、道，⊙盡與諸天人廣分別其義。爾時，座上八萬四千天子，諸塵垢盡，得法眼淨。爾時，大將魔王告彼界人民之類曰：『汝等速出家。所以然者，彌勒今日已度彼岸，亦當度汝等使至彼岸。』爾時，翅頭城中有長者，名曰善財，聞魔王教令，又聞佛音響，將八萬四千眾至彌勒佛所，頭面禮足，在一面坐。

「爾時，彌勒漸與說法微妙之論，所謂論者，施論、戒論、生天之論，欲不淨想出要為妙。爾時，彌勒見諸人民心開意解，如諸佛世尊常所說法：苦、習、盡、道，與諸*天人☆廣分別義。爾時，座上八萬四千人，諸塵垢盡，得法眼淨。是時，善財與八萬四千人等，即前白佛，求索出家，善修梵行，盡成阿羅漢道。爾時，彌勒初會八萬四千人得阿羅漢。

「是時，蠰佉王聞彌勒已成佛道，便往至佛所欲得聞法。時，彌勒佛與王說法，初善、中善、*後善，義理深邃。爾時，大王復於異時立太子為王，賜剃頭師珍寶，復以雜寶與諸梵志，將八萬四千眾，往至佛所，求作沙門，盡成道果，得阿羅漢。

「是時，修梵摩大長者，聞彌勒已成佛道，將八萬四千梵志之眾，往至佛所，求作沙門，得阿羅漢。唯修梵摩一人，斷三結使，必盡苦際。是時，佛母梵摩越，復將八萬四千婇女之眾往至佛所，求作沙門。爾時，諸女人盡得阿羅漢，唯有梵摩越一人，斷三結使成須陀洹。爾時，諸剎利婦聞彌勒如來出現世間，成等正覺，數千萬眾往至佛所，頭面禮足在一面坐，各各生心求作沙門，出家學道。或有越次取證，或有不取證者。

「爾時，阿難！其不越次取證者，盡是奉法之人，患厭一切世間，修不可樂想。爾時，彌勒當說三乘之教如我今日。弟子之中大迦葉者行十二頭陀，過去諸佛所善修梵行，此人當佐彌勒勸化人民。」

爾時，迦葉去如來不遠，結加趺坐，正身正意繫念在前。爾時，世尊告迦葉曰：「吾今年已衰耗，向八十餘。然今如來有四大聲聞，堪任遊化，智慧無盡，眾德具足。云何為四？所謂大迦葉比丘、屠鉢歎比丘、賓頭盧比丘、羅云比丘，汝等四大聲聞，要不般涅槃，須吾法沒盡，然後乃當般涅槃。大迦葉亦不應般涅槃，*須待☆彌勒出現世間。所以然者，彌勒所化弟子，盡是釋迦文弟子，由我遺化，得盡有漏。摩竭國界毘提村中，大迦葉於彼山中住，又彌勒如來將無數千人眾，前後圍遶往至此山中，遂蒙佛恩，諸鬼神當與開門，使得見迦葉禪窟。是時，彌勒申右手指示迦葉，告諸人民：『過去久遠釋迦文佛弟子，名曰迦葉，今日現在頭陀苦行最為第一。』

「是時，諸人見是事已，歎未曾有，無數百千眾生，諸塵垢盡，得法眼淨。或復有眾生見迦葉身已，此名為最初之會，九十六億人皆得阿羅漢，斯等之人皆是我弟子。所以然者，悉由受我訓之所致也，亦由四事因緣惠施仁愛利人等利。爾時，阿難！彌勒如來當取迦葉僧伽梨著之。是時，迦葉身體奄然星散。是時，彌勒復取種種華香供養迦葉。所以然者，諸佛世尊有敬心於正法故，彌勒亦由我所受正法化，得成無上正真之道。阿難！當知彌勒佛第二會時，有九十四億人皆是阿羅漢，亦復是我遺教弟子，行四事供養之所致也。又彌勒第三之會，九十二億人皆是阿羅漢，亦復是我遺教弟子。爾時，比丘姓號皆名慈氏弟子，如我今日諸聲聞皆稱釋迦弟子。

「爾時，彌勒與諸弟子說法：『汝等比丘！當思惟無常之想，樂有苦想，計我無我想，實有空想，色變之想，青瘀之想，膖脹之想，食不消想，膿血想，一切世間不可樂想。所以然者，比丘！當知此十想者，皆是過去釋迦文佛與汝等說，令得盡有漏，心得解脫。

「『若此眾中，釋迦文佛弟子過去時修於梵行，來至我所。或復於釋迦文佛所，供養三寶，來至我所。或於釋迦文佛所，彈指之頃修於善本，來至此間。或於釋迦文佛所，行四等心，來至此者。或於釋迦文佛所，受持五戒、三自歸法，來至我所。或於釋迦文佛所，起*立寺廟，來至我所。或於釋迦文佛所，補治故寺，來至我所。或於釋迦文佛所，受八關齋法，來至我所。或於釋迦文佛所，香華供養，來至此者。或復於彼聞法悲泣墮淚，來至我所。或復於釋迦文佛所，專意聽受法，來至我所。或復盡形壽善修梵行，來至我所。或復有書寫、讀誦，來至我所。或復承事供養，來至我所者。』

「是時，彌勒便說此偈：

增益戒聞德，　禪及思惟業，　善修於梵行，　而來至我所。
勸施發歡心，　修行心原本，　意無若干想，　皆來至我所。
或發平等心，　承事於諸佛，　飯*食於聖衆，　皆來至我所。
或誦戒契經，　善習與人說，　熾然於法本，　今來至我所。
釋種善能化，　供養諸舍利，　承事法供養，　今來至我所。
若有書寫經，　班宣於素上，　其有供養經，　皆來至我所。
繒綵及諸物，　供養於*塔等，　自稱南無佛，　皆來至我所。
供養於現在，　諸佛過去者，　禪定正平等，　亦無有增減。
是故於佛法，　承事於聖衆，　專心事三寶，　必至無為處。

「阿難！當知彌勒如來在彼衆中當說此偈，爾時彼衆中諸天人民，思惟此十想，十一姟人諸塵垢盡，得法眼淨。彌勒如來千歲之中，衆僧無有瑕穢，爾時恒以一偈以為禁戒：

口意不行惡，　身亦無所犯，　當除此三行，　速脫生死關。

「過千歲後，當有犯戒之人，遂復立戒。彌勒如來當壽八萬四千歲，般涅槃後，遺法當在八萬四千歲。所以然者，爾時衆生皆是利根，其有善男子、善女人，欲得見彌勒佛及三會聲聞衆及翅頭城，及見蠰佉王并四大藏珍寶者，欲食自然粳米者，并著自然衣裳，身壞命終生天上者，彼善男子、善女人當勤加精進，無生懈怠。亦當供養承事諸法師，名花擣香種種供養，無令有失。如是，阿難！當作是學。」

爾時，阿難及諸大會，聞佛所說，歡喜奉行。

佛說彌勒下生經

按：開元錄有譯無本，中有法護譯彌勒成佛經，一名彌勒當來下生經者，乍觀此經，即彼失本而還得之，其實非也。何則？羅什譯彌勒成佛經目下注云：與下生經異本，與法護譯彌勒成佛經同本。兩譯一闕則彼失本經，非此下生經六譯三失之一者明矣。

又按孤山智圓重校金剛般若後序云：古德分經皆用紙數者，一紙有二十五行，一行十七字。今撿失本彌勒經目下注云：一十七紙，則計有七千二百二十二字。此經只有三千一百七十六字，則尚未其半，豈是彼經歟？則丹藏無此經為得。然此經文，頗似漢晉經注，又有漢云之言，還恐此是三失本中第一本，錄云今附西晉者耳，宋藏還得而編入之為得之矣。而二錄並無下生經是法護譯者，今云法護譯者何耶？伏俟賢哲。

佛說彌勒來時經

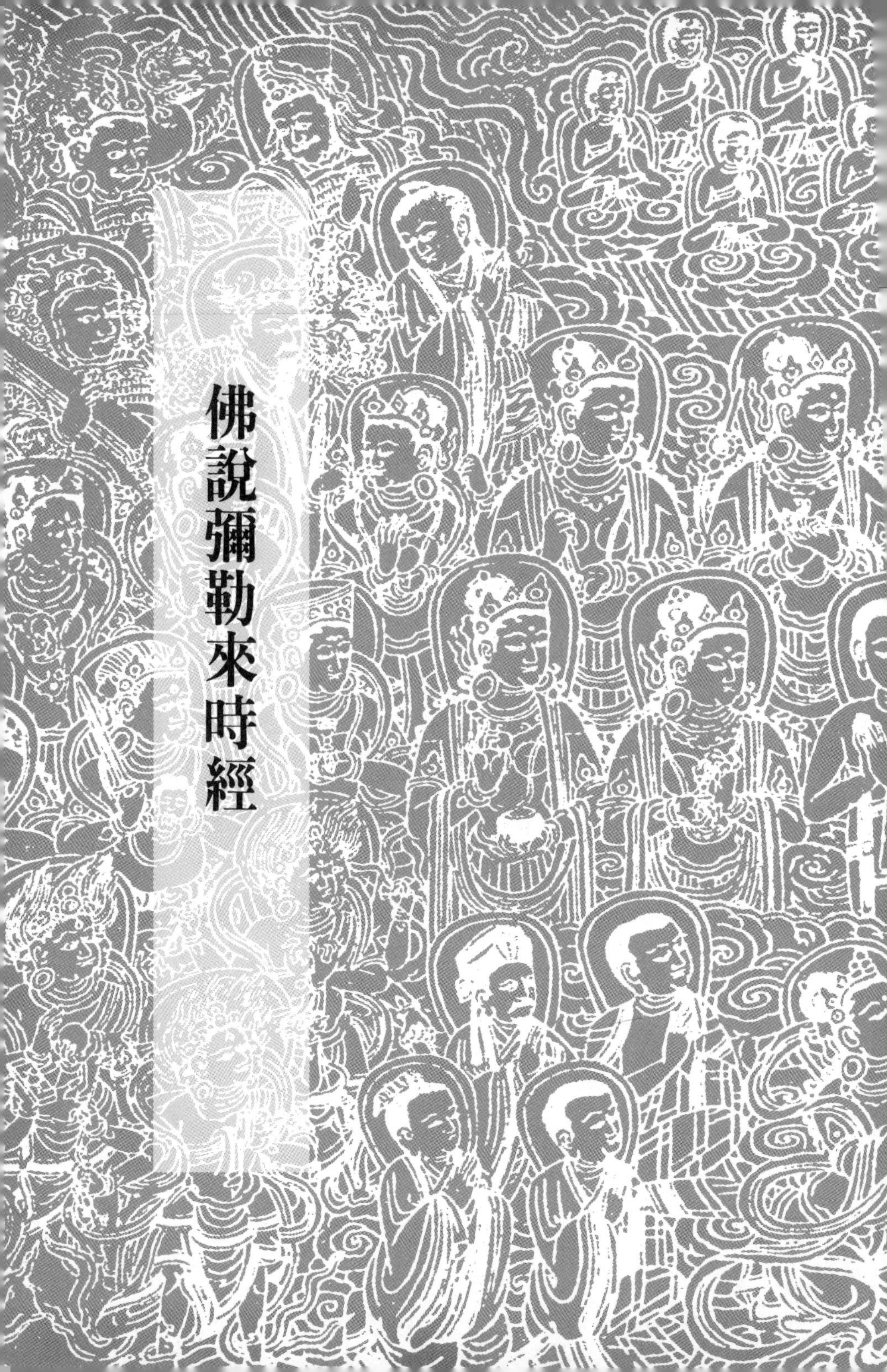

佛說彌勒來時經

失譯人名附東晉錄

舍利弗者，是佛第一弟子。以慈心念天下，往到佛所前，長跪叉手問言：「佛常言：『佛去後，當有彌勒來。』願欲從佛聞之。」

佛言：「彌勒佛欲來出時，閻浮利內地山樹、草木皆焦盡。於今閻浮利地，周匝六十萬里，彌勒出時，閻浮利地東、西長四十萬里，南、北廣三十二萬里，地皆當生五種果蓏，四海內無山陵嵠谷，地平如砥，樹木皆長大。當是時，人民少貪婬、瞋恚、愚癡者，人民衆多，聚落家居，鷄鳴展轉相聞，人民皆壽八萬四千歲，女人五百歲乃行嫁，人民無病痛者。盡天下人有三病：一者、意欲有所得，二者、飢渴，三者、年老。人民面目皆桃花色，人民皆敬重。

「有城名鷄頭末，鷄頭末城者當王國治，城周匝四百八十里，以土築城，復以板著城，復以金、銀、琉璃、水精、珍寶著城。四面各十二門，門皆刻鏤，復以金、銀、琉璃、水精、珍寶著之。國王名僧羅，四海內皆屬僧羅，行卽飛行，所可行處，人民鬼神皆傾側。城有四寶：一者、金，有龍守之，龍名倪擡鏠，主護金龍，所居山地名犍陀；二者、銀，其國中復有守龍名幡頭；三者、明月珠，所生地處名須漸，守珍龍名賓竭；四者、琉璃，所生城名氾羅那夷。有一婆羅門名須凡，當為彌勒作父。彌勒母名摩訶越題，彌勒當為作子。

「彌勒者種當作婆羅門，身有三十二相、八十種好，身長十六丈。彌勒生墮城地，目徹視萬里內，頭中日光照四千里。彌勒得道為佛時，於龍華樹下坐，樹高四十里，廣亦四十里。彌勒得佛時，有八萬四千婆羅門，皆往到彌勒所師事之，則棄家作沙門。彌勒到樹下坐，用四月八日明星出時得佛道。國王僧羅聞彌勒得佛，則將八十四王，皆棄國捐王，以國付太子，共到彌勒佛所，皆除鬚髮為沙門。復有千八百婆羅門，皆到彌勒佛所作沙門，彌勒父母亦在其中。復有聖婆羅門千八十四人，皆復到彌勒佛所作沙門。國有大豪賢者，名須檀，人呼須達，復呼人民，以黃金持與彌勒佛及諸沙門，名聲日布方遠。須達復將賢善人萬四千人，到彌勒佛所作沙門。復有兄弟二人，兄名鼓達，弟名扶蘭，兄弟皆言：『我曹何為◎住是世間？寧可俱到佛所，求作沙門耶？』兄弟皆言：『我善便到彌勒佛所作沙門。』復有小女人輩八萬四千人，身皆著好衣、白珠、金銀、瓔珞，俱到彌勒佛所，皆脫著身珍寶以著地，白佛言：『我曹欲持是上佛及諸沙門，我欲從佛作比丘尼。』佛即令作比丘尼。

「彌勒佛坐為諸比丘僧、比丘尼說，皆是釋迦文佛時，誦經者、慈心者、布施者、不瞋恚者、作佛圖寺者、持佛骨著塔中者、燒香者、然燈者、懸繒者、散花者、讀經者。是諸比丘尼，皆釋迦文佛時人，持戒者、至誠者，於今皆來會，是聞諸比丘所說經處者，皆於龍華樹下得道。

「彌勒佛初一會說經時，有九十六億人，皆得阿羅漢道。第二會說經時，有九十四億比丘，皆得阿羅漢。第三會說經，有九十二億沙門，皆得阿羅漢。舉天上諸天，皆當持花散彌勒身上。

「彌勒佛當將諸阿羅漢，至雞頭末王所治城，王皆內宮中飯食，舉城皆明，夜時如晝日。彌勒於宮中坐說經言：『語不可不作，道不可不學，經不可不讚。』」

佛說經已，諸比丘及王百官，皆當奉行佛經戒，皆得度世。佛說如是，彌勒佛却後六十億殘六十萬歲當來下。

佛說彌勒來時經

佛說彌勒大成佛經

佛說彌勒大成佛經

姚秦龜茲國三藏鳩摩羅什譯

如是我聞：一時，佛住摩伽陀國波沙山（孤絕山也），過去諸佛常降魔處，夏安居中與舍利弗經行山頂，而說偈言：

一心善諦聽，　光明大三昧，　無比功德人，　正爾當出世。
彼人說妙法，　悉皆得充足，　如渴飲甘露，　疾至解脫道。

時，四部眾平治道路，灑掃燒香皆悉來集，持諸供具供養如來及比丘僧，諦觀如來，喻如孝子視於慈父，如渴思飲，愛念法父亦復如是，各各同心，欲請法王轉正法輪，諸根不動，心心相次，流注向佛。是時，比丘、比丘尼、優婆塞、優婆夷、天、龍、鬼神、乾闥婆、阿修羅、迦樓羅、緊那羅、摩睺羅伽、人非人等，各從坐起右遶世尊，五體投地向佛泣淚。

爾時，大智舍利弗齊整衣服，偏袒右肩，知法王心善能隨順，學佛法王轉正法輪，是佛輔臣持法大將，憐愍眾生故，欲令脫苦縛，白佛言：「世尊！如來向者於山頂上說偈，讚歎第一智人，前後經中之所未說，此諸大眾心皆渴仰淚如盛雨，欲聞如來說未來佛，開甘露道，彌勒名字、功德、神力、國土莊嚴，以何善根、何戒、何施、何定、何慧、何等智力，得見彌勒？於何心中修八正路？」

舍利弗發此問時，百千天子無數梵王合掌恭敬，異口同音共發是問，白佛言：「世尊！願使我等於未來世得見人中最大果報，三界眼目光明彌勒，普為眾生說大慈悲。」并八部眾亦皆如此，恭敬叉手勸請如來。

爾時，梵王與諸梵眾異口同音合掌讚歎，而說頌曰：

南無滿月，　具足十力，　大精進將；　勇猛無畏，
一切智人，　超出三有；　成三達智，　降伏四魔，
身為法器；　心如虛空，　靜然不動，　於有非有；

於無非無，　達解空法，　世所讚歎；　我等同心，
一時歸依，　願轉法輪。

爾時，世尊告舍利弗：「當為汝等廣分別說。諦聽！諦聽！善思念之！汝等今者以妙善心欲問如來無上道業摩訶般若，如來明見如觀掌中菴摩勒果。」

告舍利弗：「若於過去七佛所，得聞佛名，禮拜供養，以是因緣淨除業障。復聞彌勒大慈根本得清淨心，汝等今當一心合掌歸依未來大慈悲者，我當為汝廣分別說。彌勒佛國從於淨命無諸諂偽，檀波羅蜜、尸羅波羅蜜、般若波羅蜜得不受不著，以微妙十願大莊嚴，得一切眾生起柔軟心，得見彌勒大慈所攝，生彼國土調伏諸根，隨順佛化。

「舍利弗！四大海水面各減少三千由旬，時閻浮提地縱廣正等十千由旬，其地平淨如*瑠璃鏡，大適意華、悅可意華、極大香華、優曇鉢花、大金葉華、七寶葉華、白銀葉華，華鬚柔軟狀如天繒，生吉祥菓，香味具足軟如天綿，叢林樹華甘果美妙極大茂盛，過於帝釋歡喜之園；其樹高顯高三十里，城邑次比雞飛相及

。皆由今佛種大善根，行慈心報俱生彼國，智慧威德，五欲衆具，快樂安隱，亦無寒熱風火等病，無九惱苦，壽命具足八萬四千歲，無有中夭，人身悉長一十六丈，日日常受極妙安樂，遊深禪定以為樂器。唯有三病，一者、飲食，二者、便利，三者、衰老。女人年五百歲爾乃行嫁。

「有一大城名翅頭末，縱廣一千二百由旬，高七由旬，七寶莊嚴，自然化生七寶樓閣，端嚴殊妙莊校清淨。於窓牖間列諸寶女，手中皆執真珠羅網，雜寶莊校以覆其上，密懸寶鈴聲如天樂。七寶行樹間樹渠泉，皆七寶成，流異色水更相暎發，交橫徐逝不相妨礙，其岸兩邊純布金沙。街巷道陌廣十二里，悉皆清淨猶如天園掃灑清淨。

「有大龍王名多羅尸棄，福德威力皆悉具足，其池近城，龍王宮殿如七寶樓顯現于外，常於夜半化作人像，以吉祥瓶盛香色水灑淹塵土，其地潤澤譬如油塗，行人往來無有塵坌。是時世人福德所致，巷陌處處有明珠柱，光喻於日四方各照八十由旬，純黃金色，其光照燿晝夜無異，燈燭之明猶若聚墨。香風時來吹明珠柱，雨寶瓔珞，衆人皆用服者，自然如三禪樂。處處皆有金、銀、珍寶、摩尼珠等，積用成山，寶山放光普照城內，人民遇者皆悉歡喜發菩提心。

「有大夜叉神名䟦陀婆羅賒塞迦（秦言善教），晝夜擁護翅頭末城，及諸人民灑掃清淨，設有便利，地裂受之，受已還合，生赤蓮華以蔽穢氣。時世人民若年衰老，自然行詣山林樹下，安樂淡泊念佛取盡，命終多生大梵天上及諸佛前。其土安隱無有怨賊劫竊之患，城邑聚落無閉門者，亦無衰惱水火刀兵，及諸飢饉毒害之難。人常慈心，恭敬和順，調伏諸根，如子愛父、如母愛子，語言謙遜，皆由彌勒慈心訓導，持不殺戒、不噉肉故。以此因緣生彼國者，諸根恬靜面貌端正，威相具足如天童子。

「復有八萬四千衆寶小城以為眷屬，翅頭末城最處其中。男女大小雖遠若近，佛神力故，兩得相見，無所障礙。夜光摩尼如意珠華遍滿世界，雨七寶花、鉢頭摩華、優鉢羅華、拘物頭華、分陀利華、曼陀羅華、摩訶曼陀羅花、曼殊沙花、摩訶曼殊沙華彌布其地，或復風吹迴旋空中。

「時，彼國界城邑聚落，園林浴池、泉河流沼，自然而有八功德水，命命之鳥、鵝鴨、鴛鴦、孔雀、鸚鵡、翡翠、舍利、美音、鳩鵰、羅耆婆闍婆快見鳥等出妙音聲，復有異類妙音之鳥不可稱數遊集林池，金色無垢淨光明華、無憂淨慧日光明華、鮮白七日香華、瞻蔔六色香華，百千萬種水陸生華，青色青光、黃色黃光、赤色赤光、白色白光，香淨無比，晝夜常生終無萎時。有如意果樹，香美無比充滿國界，香樹金光生寶山間充滿國界，出適意香普熏一切。

「爾時，閻浮提中常有好香譬若香山，流水美好味甘除患，雨澤隨時天園成熟，香美稻種天神力故一種七穫，用功甚少所收甚多，穀稼滋茂無有草穢，眾生福德本事果報，入口*消化百味具足，香美無比氣力充實。

「其國爾時，有轉輪聖王名曰*儴佉，有四種兵，不以威武治四天下，具三十二大人相好。王有千子，勇猛端正怨敵自伏。王有七寶：一、金輪寶，千輻轂輞皆悉具足；二、白象寶，白如雪山七胑拄地，嚴顯可觀猶如山王；三、紺馬寶，朱鬣髦尾足下生華七寶蹄甲；四、神珠寶，明顯可觀長於二肘，光明雨寶適眾生願；五、玉女寶，顏色美妙柔軟無骨；六、主藏臣，口中吐寶，足下雨寶，兩手出寶；七、主兵臣，宜動身時，四兵如雲從空而出。千子七寶國界人民，一切相視，不懷惡意，如母愛子。

「時，王千子各取珍寶，於正殿前作七寶臺，有三十重，高十三由旬，千頭千輪，遊行自在。有四大寶藏，一一大藏，各有四億小藏圍繞；伊鉢多大藏在乾陀羅國，般軸迦大藏在彌緹羅國，賓伽羅大藏在須羅吒國，*儴佉大藏在婆羅㮈國古仙山處。此四大藏自然開發顯大光明，縱廣正等一千由旬，滿中珍寶，各有四億小藏附之，有四大龍各自守護。此四大藏及諸小藏自然踊出，形如蓮華，無央數人皆共往觀。是時眾寶無守護者，眾人見之心不貪著，棄之於地猶如瓦石草木土塊，時人見者心生厭離，各各相謂而作是言：『如佛所說，往昔眾生為此寶故共相殘害，更相偷劫欺誑妄語，令生死苦緣展轉增長，墮大地獄。』翅頭末城眾寶羅網彌覆其上，寶鈴莊嚴微風吹動，其音和雅如扣鐘磬，演說歸依佛、歸依法、歸依僧。

「時，城中有大婆羅門主名修梵摩，婆羅門女名梵摩拔提，心性*柔弱。彌勒託生以為父母，雖處胞胎如遊天宮，放大光明塵垢不障，身紫金色具三十二大丈夫相，坐寶蓮華，眾生視之無有厭足，光明晃耀不可勝*計，諸天世人所未曾覩。身力無量，一一節力普勝一切大力龍象。不可思議毛孔光明照耀無量無有障礙，日月、星宿、水火珠光，皆悉不現猶如埃塵。身長釋迦牟尼佛八十肘（三十二丈），脇廣二十五肘（十丈），面長十二肘半（五丈），鼻高修直當于面門，身相具足端正無比成就相好，一一相八萬四千好，以自莊嚴如鑄金像，一一好中流出光明照千由旬。肉眼清徹青白分明，常光繞身面百由旬，日月、星宿、真珠、摩尼、七寶行樹皆悉明耀現於佛光，其餘眾光不復為用。佛身高顯如黃金山，見者自然脫三惡趣。

「爾時，彌勒諦觀世間五欲過患，眾生受苦沈沒長流，在大生死甚可憐愍，自以如是正念觀察苦、空、無常，不樂在家，厭家迫迮猶如牢獄。時，*儴佉王共諸大臣國土人民，持七寶臺，有千寶帳及千寶軒、千億寶鈴、千億寶幡、寶器千口、寶甕千口奉上彌勒。彌勒受已施諸婆羅門，婆羅門受已即便毀壞各共分之。諸婆羅門觀見彌勒能作大施，生大奇特心。

「彌勒菩薩見此寶臺須臾無常，知有為法皆悉磨滅，修無常想，讚過去佛清涼甘露無常之偈：

諸行無常，　是生滅法；　生滅滅已，　寂滅為樂。

「說此偈已，出家學道。坐於金剛莊嚴道場龍花菩提樹下，枝如寶龍吐百寶華，一一花葉作七寶色，色色異果適衆生意，天上人間為無有比，樹高五十由旬，枝葉四布放大光明。

「爾時，彌勒與八萬四千婆羅門俱詣道場，彌勒即自剃髮出家學道，早起出家，即於是日初夜降四種魔，成阿耨多羅三藐三菩提，即說偈言：

久念衆生苦，　欲拔無由脫，　今者證菩提，　*豁然無所礙。
亦達衆生空，　本性相如實，　永更無憂苦，　慈悲亦無緣。
本為救汝等，　國城及頭目，　妻子與手足，　施人無有數。
今始得解脫，　無上大寂滅，　當為汝等說，　廣開甘露道。

如是大果報，　皆從施戒慧，　六種大忍生，　亦從大慈悲，
無染功德得。

「說此偈已，默而住時，諸天龍鬼神王不現其身，而雨天花供養於佛。三千大千世界六變震動，佛身出光照於無量，應可度者皆得見佛。

「爾時，釋提桓因、護世天王、大梵天王、無數天子於花林園頭面禮足，合掌勸請轉於法輪。

「時，彌勒佛默然受請，告梵王言：『我於長夜受大苦惱，修行六度，始於今日法海滿，建法幢、擊法鼓、吹法蠡、雨法雨，正爾當為汝等說法，諸佛所轉八聖道輪，諸天世人無能轉者，其義平等直至無上無為寂滅，為諸眾生斷長夜苦，此法甚深難得、難入、難信、難解，一切世間無能知者、無能見者，洗除心垢得萬梵行。』

「說是語時，復有他方無數百千萬億天子、天女、大梵天王乘天宮殿，持天花香奉獻如來，繞百千匝，五體投地合掌勸請，諸天伎樂不鼓自鳴。

「時，諸梵王異口同聲而說偈言：

無量無數歲，　空過無有佛，　衆生墮惡道，　世間眼目滅。
三惡道增廣，　諸天路永絕，　今日佛興世，　三惡道殄滅。
增長天人衆，　願開甘露門，　令衆心無著，　疾疾得涅槃。
我等諸梵王，　聞佛出世間，　今者得值佛，　無上大法王。
梵天宮殿盛，　身光亦明顯，　普為十方衆，　勸請大導師，
唯願開甘露，　轉無上法輪。

「說此偈已，頭面作禮，復更合掌慇懃三請：『唯願世尊轉於甚深微妙法輪，為拔衆生苦惱根*本，遠離三毒，破四惡道不善之業。』

「爾時，世尊為諸梵王，即便微笑，出五色光，默然許之。時，諸天子無數大衆聞佛許可，歡喜無量遍體踊躍，譬如孝子新喪慈父忽然還活，大衆歡喜亦復如是。時，諸天衆右遶世尊經無數匝，敬愛無厭却住一面。

「爾時，大衆皆作是念：『雖復千億歲受五欲樂，不能得免三惡道苦，妻子

財產所不能救，世間無常命難久保，我等今者於佛法中淨修梵行。』

「作是念已，復更念言：『設受五欲經無數劫，如無想天壽無量億歲，與諸婇女共相娛樂受細滑觸，會歸磨滅，墮三惡道受無量苦，所樂無幾猶如幻化，蓋不足言。入地獄時大火洞然，百億萬劫受無量苦求脫叵得。如此長夜苦厄難拔，今日遇佛宜勤精進。』

「時，*儴佉王高聲唱言：

設復生天樂，　會亦歸磨滅，　不久墮地獄，　猶如猛火聚，

我等宜時速，　出家學佛道。

「說是語已，時，*儴佉王與八萬四千大臣恭敬圍繞，及四天王送轉輪王至花林園龍花樹下，詣彌勒佛求索出家。為佛作禮，未舉頭頃鬚髮自落，袈裟著身，便成沙門。

「時，彌勒佛共*儴佉王，與八萬四千大臣諸比丘等恭敬圍繞，并與無數天龍八部入翅頭末城。足躡門閫，娑婆世界六種震動，閻浮提地化為金色。翅頭末大

城中央其地金剛，有過去諸佛所坐金剛寶座，自然踊出衆寶行樹，天於空中雨大寶華，龍王作衆伎樂，口中吐華毛孔雨華用供養佛。佛於此座轉正法輪，謂是苦、苦聖諦，謂是集、集聖諦，謂是滅、滅聖諦，謂是道、道聖諦，并為演說三十七品助菩提法，亦為宣說十二因緣：無明緣行，行緣識，識緣名色，名色緣六入，六入緣觸，觸緣受，受緣愛，愛緣取，取緣有，有緣生，生緣老死憂悲苦惱等。

「爾時，大地六種震動，如此音聲聞于三千大千世界，復過是數無量無邊，下至阿鼻地獄，上至阿迦膩吒天。

「時，四天王各各將領無數鬼神，高聲唱言：『佛日出時降法雨露，世間眼目今者始開，普令大地一切八部於佛有緣皆得聞知。』

「三十三天、夜摩天、兜率陀天、化樂天、他化自在天、乃至大梵天，各各於己所統領處，高聲唱言：『佛日出世降注甘露，世間眼目今者始開，有緣之者皆悉聞知。』

「時，諸龍王八部、山神、樹神、藥草神、水神、風神、火神、地神、城池神、屋宅神等，踊躍歡喜高聲唱言。

「復有八萬四千諸婆羅門聰明大智，於佛法中亦隨大王出家學道。復有長者名須達那，今須達長者是，亦與八萬四千人俱共出家。復有梨師達多富蘭那兄弟，亦與八萬四千人俱共出家。復有二大臣，一名梵檀末利，二名須曼那，王所愛重，亦與八萬四千人俱，於佛法中出家學道。轉輪王寶女名舍彌婆帝，今之毘舍佉母是也，亦與八萬四千婇女俱共出家。*儴佉太子名天金色，今提婆婆那長者子是，亦與八萬四千人俱共出家。彌勒佛親族婆羅門子名須摩提，利根智慧，今鬱多羅善賢比丘尼子是，亦與六萬人俱，於佛法中俱共出家。*儴佉王千子唯留一人用嗣王位，餘九百九十九人，亦與八萬四千人於佛法中俱共出家。如是等無量億衆，見世苦惱五陰熾然，皆於彌勒佛法中俱共出家。

「爾時，彌勒佛以大慈心語諸大衆言：『汝等今者不以生天樂故，亦復不為今世樂故，來至我所，但為涅槃常樂因緣，是諸人等皆於佛法中種諸善根，釋迦牟尼佛出五濁世，種種呵責，為汝說法，無奈汝何，教殖來緣今得見我。

「『我今攝受是諸人等，或以讀誦分別決定修多羅、毘尼、阿毘曇，為他演說讚歎義味，不生嫉妬，教於他人令得受持，修諸功德來生我所。或以衣食施人、持戒、智慧，修此功德來生我所。或以妓樂幡蓋、華香燈明供養於佛，修此功德來生我所。或以施僧常食、起立僧房、四事供養、持八戒齋、修習慈心，行此功德來生我所。或為苦惱眾生深生慈悲，以身代*苦令其得樂，修此功德來生我所。或以持戒、忍辱修⊙清淨慈心，以此功德來生我所。或造僧祇四方無礙、齋講設會、供養飯食，修此功德來生我所。或以持戒多聞、修行禪定、無漏智慧，以此功德來生我所。或有起塔供養舍利、念佛法身，以此功德來生我所。或有厄困、貧窮、孤獨、繫屬於他，王法所加臨當刑戮，作八難業，受大苦惱，拔濟彼等令得解脫，修此功德來生我所。或有恩愛別離、朋黨諍訟，極大苦惱，以方便力令得和合，修此功德來生我所。』」

「說是語已，稱讚釋迦牟尼佛：『善哉！善哉！能於五濁惡世教化如是等百千萬億諸惡衆生，令修善本來生我所。』

「時，彌勒佛如是三稱讚釋迦牟尼佛，而說偈言：

忍辱勇猛大導師，能於五濁不善世，教化成熟惡衆生，令彼修行得見佛。

荷負衆生受大苦，*令入常樂無為處，教彼弟子來我所，我今為汝說四諦，

亦說三十七菩提，莊嚴涅槃十二緣，汝等宜當觀無為，入於空寂本無處。

「說此偈已，復更讚歎彼時衆生：『於苦惡世能為難事，貪欲、瞋恚、愚癡、迷惑、短命人中，能修持戒作諸功德，甚為希有！爾時，衆生不識父母、沙門、婆羅門，不知道法，互相惱害近刀兵劫，深著五欲，嫉妬諂佞，曲濁邪偽無憐愍心，更相殺害食肉飲血，不敬師長，不識善友，不知報恩，生五濁世不知慚愧，晝夜六時相續作惡不知厭足，純造不善五逆惡聚，魚鱗相次求不知厭，九親諸族不能相濟。

「『善哉！善哉！釋迦牟尼佛以大方便深厚慈悲，能於苦惱衆生之中，和顏美色善巧智慧，說誠實語，示我當來度脫汝等，如是導師明利智慧，世間希有甚

為難遇，深心憐愍惡世衆生，為拔苦惱令得安隱，入第一義甚深法性。釋迦牟尼三阿僧祇劫，為汝等故，修行難行苦行，以頭布施，割截耳鼻、手足、肢體，受諸苦惱，為八聖道平等解脫利汝等故。』

「時，彌勒佛如是開導安慰無量諸衆生等，令其歡喜，彼時衆生身純是法、心純是法、口常說法，福德智慧之人充滿其中，天人恭敬信受渴仰。

「時，大導師各欲令彼聞於往昔苦惱之事，復作是念：『五欲不淨衆苦之本，又能除捨憂慼愁恨，知苦樂法皆是無常，為說色受想行識苦、空、無常、無我。』說是語時，九十六億人不受諸法，漏盡意解得阿羅漢，三明六通具八解脫，三十六萬天子、二十萬天女發阿耨多羅三藐三菩提心，天龍八部中有得須陀洹者、種辟支佛道因緣者、發無上道心者，數甚衆多不可稱計。

「爾時，彌勒佛與九十六億大比丘衆，并穰佉王八萬四千大臣、比丘、眷屬圍繞，如月天子諸星宿從，出翅頭末城，還花林園重閣講堂。時，閻浮提城邑聚落小王長者，及諸四姓皆悉來集龍花樹下花林園中。

「爾時，世尊重說四諦十二因緣，九十四億人得阿羅漢，他方諸天及八部衆六十四億恒河沙人發阿耨多羅三藐三菩提心住不退轉。第三大會，九十二億人得阿羅漢，三十四億天龍八部發三菩提心。

「時，彌勒佛說四聖諦深妙法輪，度天人已，將諸聲聞弟子天龍八部一切大衆，入城乞食，無量淨居天衆恭敬從佛入翅頭*末城。當入城時，佛現十八種神足，身下出水，如摩尼珠，化成光臺照十方界；身上出火，如須彌山，流紫金光現大滿空化成琉璃，大復現小，如芥子許，泯然不現；於十方踊於十方沒，令一切人皆如佛身，種種神力無量變現，令有緣者皆得解脫。釋提桓因三十二輔臣與欲界諸天，梵天王與色界諸天并天子、天女，脫天瓔珞及以天衣，而散佛上。時，諸天衣化成花蓋，諸天妓樂不鼓自鳴，歌詠佛德，密雨天花，栴檀雜香供養於佛，街巷道陌竪諸幢幡，燒諸名香其煙若雲。

「世尊入城時，大梵天王釋提桓因合掌恭敬以偈讚佛：

正遍知者兩足尊，天人世間無與等；十力世尊甚希有，無上最勝良福田。

其供養者生天上，未來解脫住涅槃，稽首無上大精進，稽首慈心大導師。

「東方天王提頭賴吒、南方天王毘樓勒叉、西方天王毘留博叉、北方天王毘沙門王，與其眷屬恭敬合掌，以清淨心讚歎世尊：

三界無有比，　大悲自莊嚴，　體解第一義，　不見眾生性，
及與諸法相，　同入空寂性，　善住無所有，　雖行大精進，
無為無足跡，　我今稽首禮，　慈心大導師。　眾生不見佛，
長夜受生死，　墜墮三惡道，　及作女人身。　今日佛興世，
拔苦施安樂，　三惡道已少，　女人無諂曲，　皆當得止息，
具足大涅槃。　大悲濟苦者，　施樂故出世，　本為菩薩時，
常施一切樂，　不殺不惱他，　忍心如大地。　我今稽首禮，
忍辱大導師；　我今稽首禮，　慈悲大丈夫。　自免生死苦，
能拔眾生厄，　如火生蓮花，　世間無有比。

「⊙爾時，魔王於初夜、後夜覺諸天人民，作如是言：『汝等既得人身，俱

遇好時，不應竟夜睡眠覆心。汝等若坐、若立，當勤精進，正念諦觀五陰無常、苦、空、無我。汝等勿為放逸，不行佛教，若起惡業，後必致悔。』時，街巷男女皆効此語言：『汝等勿為放逸，不行佛教，若起惡業，後必有悔。常勤方便精進求道，莫失法利而徒生徒死。如是大師拔苦惱者，甚為難遇，堅固精進，當得常樂涅槃☆。』

「爾時，世尊次第乞食，將諸比丘還至本處，入深禪定，七日七夜寂然不動。彌勒佛弟子色如天色，普皆端正，厭生老病死，多聞廣學，守護法藏，行於禪定，得離諸欲如鳥出瞉。

「爾時，釋提桓因與欲界諸天子歡喜踊躍，復說偈言：

世間所歸大導師，慧眼明淨見十方，智力功德勝諸天，名義*具足福衆生。
願為我等群萌類，將諸弟子詣彼山，供養無惱釋迦師，頭陀第一大弟子。
我等應得見過佛，所著袈裟聞遺法，懺悔前身濁惡劫，不善惡業得清淨。

「爾時，彌勒佛與娑婆世界前身剛強衆生及諸大弟子，俱往耆闍崛山。到山下已，安詳徐步登狼跡山，到山頂已，舉足大指躡於山根，是時大地十八相動。既至山頂，彌勒以手兩向擘山，如轉輪王開大城門。

「爾時，梵王持天香油灌摩訶迦葉頂，油灌身已擊大揵椎，吹大法蠡，摩訶迦葉即從滅盡定覺，齊整衣服，偏袒右肩，右膝著地長跪合掌，持釋迦牟尼佛僧伽梨，授與彌勒而作是言：『大師釋迦牟尼多陀阿伽度、阿羅訶、三藐三佛陀，臨涅槃時以此法衣付囑於我，令奉世尊。』

「時，諸大眾各白佛言：『云何今日此山頂上有人頭蟲，短小醜陋著沙門服，而能禮拜恭敬世尊？』

「時，彌勒佛訶諸大弟子莫輕此人，而說偈言：

孔雀有好色，　鷹鶻鵄所食；　白象無量力，　師子子雖小，
撮食如塵土；　大龍身無量，　金翅鳥所摶；　人身雖長大，
肥白端正好，　七寶瓶盛糞，　污穢不可堪。　此人雖短小，
智慧如鍊金，　煩惱習久盡，　生死苦無餘。　護法故住此，

常行頭陀事，　天人中最勝，　*苦行無與等。　牟尼兩足尊，
遣來至我所，　汝等當一心，　合掌恭敬禮。

「說是偈已，告諸比丘：『釋迦牟尼世尊於五濁惡世教化眾生，千二百五十弟子中頭陀第一，身體金色，捨金色婦出家學道，晝夜精進如救頭然，慈愍貧苦下*賤眾生，恒福度之，為法住世，摩訶迦葉者此人是也！』說此語已，一切大眾悉為作禮。

「爾時，彌勒持釋迦牟尼佛僧伽梨，覆右手不遍，纔掩兩指；復覆左手，亦掩兩指。諸人怪歎先佛卑小，皆由眾生貪濁憍慢之所致耳！告摩訶迦葉言：『汝可現神足并說過去佛所有經法！』

「爾時，摩訶迦葉踊身虛空作十八變，或現大身滿虛空中，大復現小，如葶藶子，小復現大，身上出水，身下出火，履地如水，履水如地，坐臥空中身不陷墜，東踊西沒，西踊東沒，南踊北沒，北踊南沒，邊踊中沒，中踊邊沒，上踊下沒，下踊上沒，於虛空中化作琉璃窟，承佛神力以梵音聲說釋迦牟尼佛十二部經

。大衆聞已怪未曾有，八十億人遠塵離垢，於諸法中不受諸法得阿羅漢，無數天人發菩提心。繞佛三匝還從空下，為佛作禮，說有為法皆悉無常，辭佛而退，還耆闍崛山本所住處，身上出火入般涅槃，收身舍利山頂起塔。

「彌勒佛歎言：『大迦葉比丘是釋迦牟尼佛於大衆中，常所讚歎頭陀第一，通達禪定、解脫、三昧，是人雖有大神力而無高心，能令衆生得大歡喜，常愍下賤貧苦衆生。』

「彌勒佛歎大迦葉骨身言：『善哉！大神德釋師子大弟子大迦葉，於彼惡世能修其心。』

「爾時，摩訶迦葉骨身即說偈言：

頭陀是寶藏，　持戒為甘露，　能行頭陀者，　必至不死地，
持戒得生天，　及與涅槃樂。

「說此偈已，如琉璃水還入塔中。

「爾時，說法之處廣八十由旬，長百由旬，其中人衆若坐、若立、若近、若

遠，各見佛在於其前獨為說法。彌勒佛住世六萬億歲，憐愍眾生故令得法眼，滅度之後諸天世人闍維佛身。時轉輪王收取舍利，於四天下各起八萬四千塔。正法住世六萬歲，像法二萬歲。汝等宜應勤加精進，發清淨心起諸善業，得見世間燈明彌勒佛身必無疑也！」

佛說語已，尊者舍利弗、尊者阿難，即從座起為佛作禮，胡跪合掌白佛言：「世尊！當何名斯經？云何奉持之？」

佛告阿難：「汝好憶持，普為天人分別演說，莫作最後斷法*之人☆！此法之要，名一切眾生斷五逆種、淨除業障報障煩惱障、修習慈心與彌勒共行，如是受持。亦名一切眾生得聞彌勒佛名必免五濁世不墮惡道經，如是受持。亦名破惡口業心如蓮花定見彌勒佛經，如是受持。亦名慈心不殺不食肉經，如是受持。亦名釋迦牟尼佛以衣為信經，如是受持。亦名若有聞佛名決定得免八難經，如是受持。亦名彌勒成佛經，如是受持。」

佛告舍利弗：「佛滅度後，比丘、比丘尼、優婆塞、優婆夷、天龍八部、鬼神等，得聞此經受持讀誦、禮拜供養、恭敬法師，破一切業障、報障、煩惱障，得見彌勒及賢劫千佛，三種菩提隨願成就，不受女人身，正見出家得大解脫。」

說是語已，時諸大眾聞佛所說，皆大歡喜，禮佛而退。

佛說彌勒大成佛經

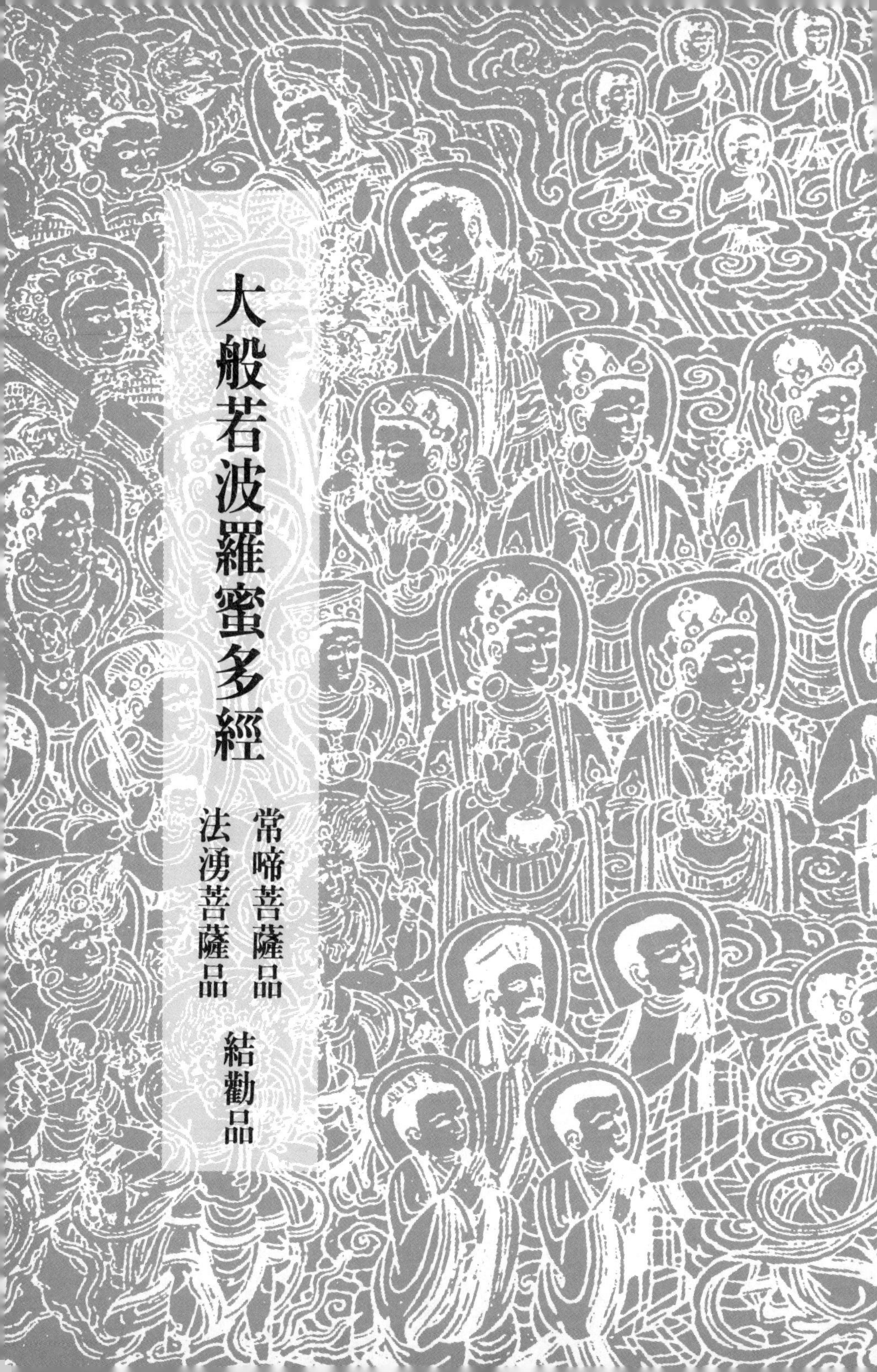

大般若波羅蜜多經

常啼菩薩品

法湧菩薩品

結勸品

大般若波羅蜜多經卷第三百九十八

三藏法師玄奘奉　詔譯

初分常啼菩薩品第七十七之一

爾時，具壽善現◎復白佛言：「世尊！云何教授教誡初業菩薩，令其信解諸法自性畢竟皆空？」

佛告善現：「豈一切法先有後無？然一切法非有非無，無自性無他性，先既非有後亦非無，自性常空無所怖畏。應當如是教授教誡初業菩薩，令其信解諸法自性畢竟皆空。

「復次，善現！若菩薩摩訶薩欲求般若波羅蜜多，應如常啼菩薩摩訶薩求，是菩薩摩訶薩今在大雲雷音佛所修行梵行。」

具壽善現白佛言：「世尊！常啼菩薩摩訶薩云何求般若波羅蜜多？」

佛告善現：「常啼菩薩摩訶薩本求般若波羅蜜多時，不惜身命，不顧珍財，不徇名譽，不希恭敬，而求般若波羅蜜多。彼常樂居阿練若處，欻然聞有空中聲曰：『咄！善男子！汝可東行，決定得聞甚深般若波羅蜜多。汝當行時，莫辭疲倦，莫念睡眠，莫思飲食，莫想晝夜，莫怖寒熱，於內外法心莫散亂。行時不得左右顧視，勿觀前後上下四維，勿破威儀，勿壞身相；勿動於色，勿動受、想、行、識；勿動眼處，勿動耳、鼻、舌、身、意處；勿動色處，勿動聲、香、味、觸、法處；勿動眼界，勿動耳、鼻、舌、身、意界；勿動色界，勿動聲、香、味、觸、法界；勿動眼識界，勿動耳、鼻、舌、身、意識界；勿動眼觸，勿動耳、鼻、舌、身、意觸；勿動眼觸為緣所生諸受，勿動耳、鼻、舌、身、意觸為緣所生諸受；勿動地界，勿動水、火、風、空、識界；勿動因緣，勿動等無間緣、所緣緣、增上緣；勿動從緣所生諸法，勿動無明，勿動行、識、名色、六處、觸、受、愛、取、有、生、老死愁歎苦憂惱；勿動布施波羅蜜多，勿動淨戒、安忍、精進、靜慮、般若波羅蜜多；勿動四念住，勿動四正斷、四神足、五根、五力、七等覺支、八聖道支；勿動內空，勿動外空、內外空、空空、大空、勝義空、有為空、無為空、畢竟空、無際空、散空、無變異空、本性空、自相空、共相空、一切法空、不可得空、無性空、自性空、無性自性空；勿動真如，勿動法界、法性、不虛妄性、不變異性、平等性、離生性、法定、法住、實際、虛空界、不思議界；勿動苦聖諦，勿動集、滅、道聖諦；勿動四靜慮，勿動四無量、四無色定；勿動八解脫，勿動八勝處、九次第定、十遍處；勿動一切陀羅尼門，勿動一切三摩地門；勿動空解脫門，勿動無相、無願解脫門；勿動極喜地，勿動離垢地、發光地、焰慧地、極難勝地、現前地、遠行地、不動地、善慧地、法雲地；勿動五眼，勿動六神通；勿動佛十力，勿動四無所畏、四無礙解、大慈、大悲、大喜、大捨、十八佛不共法；勿動無忘失法，勿動恒住捨性；勿動一切智，勿動道相智，一切相智；勿動預流果，勿動一來、不還、阿羅漢果、獨覺菩提；勿動菩薩摩訶薩行，勿動無上正等菩提；勿動世間法，勿動出世間法；勿動有漏法，勿動無漏法；勿動有為法，勿動無為法。何以故？善男子！若於諸法有所動者則於佛法不能安住，若於佛法不能安住則於生死諸趣輪迴，若於生死諸趣輪迴則不能得甚深般若波羅蜜多。』

「爾時，常啼菩薩摩訶薩聞空中聲慇懃教誨，歡喜踊躍歎未曾有，合掌恭敬報空聲曰：『如向所言我當從教。所以者何？我當欲為一切有情作大明故，我當欲集一切如來、應、正等覺殊勝法故，我當欲證無上正等大菩提故。』

「時，空中聲復語常啼菩薩摩訶薩言：『善哉！善哉！善男子！汝當於空、無相、無願甚深之法應生信解，汝應以離一切相心求深般若波羅蜜多，汝應以離我及有情、命者、生者、養者、士夫、補特伽羅、意生、儒童、作者、受者、知者、見者相心求深般若波羅蜜多。汝善男子於諸惡友應方便遠離，於諸善友應親近供養。若能為汝善巧說空、無相、無願、無生、無滅、無染、無淨本寂之法，及能為汝示現教導讚勵慶喜一切智智，是為善友。汝善男子若如是行，不久得聞甚深般若波羅蜜多，或從經典中聞，或從菩薩所聞。汝所從聞甚深般若波羅蜜多，當於是處起大師想，汝應知恩念當重報。汝善男子應作是念：「我所從聞甚深般若波羅蜜多，是我最勝真實善友，我從彼聞是妙法故，速於無上正等菩提得不退轉，我由彼故得近如來、應、正等覺，常生諸佛嚴淨國土，恭敬供養諸佛世尊，聽聞正法植衆德本，遠離無暇具足有暇，念念增長殊勝善根。」汝應思惟籌量觀察諸如是等功德勝利，*能為汝說甚深般若波羅蜜多菩薩法師，常應敬事如諸佛想。汝善男子莫以世利名譽心故隨逐法師，但為愛重恭敬供養無上法故隨逐法師。汝善男子應覺魔事，謂有惡魔為壞正法及法師故，以妙色、聲、香、味、觸境，慇懃奉施，時說法師方便善巧，為欲調伏彼惡魔故，令諸有情種善根故，現與世間同其事故，雖受彼施而無染著，汝於此中莫生穢*想。應作是念：「我未能知說法菩薩方便善巧，此說法師善知方便，為欲調伏剛強有情，欲令有情植衆德本，俯同世事現受諸欲，然此菩薩不取法相，無著無礙曾無毀犯。」汝善男子當於爾時應觀諸法真實理趣。云何諸法真實理趣？謂一切法無染無淨。何以故？

善男子！以一切法自性皆空，無我、有情、命者、生者、養者、士夫、補特伽羅、意生、儒童、作者、受者、知者、見者，如幻、如夢、如響、如像、如陽焰、如光影、如變化事、如尋香城。汝善男子若能如是觀察諸法真實理趣隨逐法師，不久成辦甚深般若波羅蜜多。又，善男子！於餘魔事汝應覺知，謂說法師見汝求請甚深般若波羅蜜多，都不眷念反加凌辱，汝於此中不應瞋恨，轉增愛重恭敬法心，常逐法師勿生厭倦。』

「爾時，常啼菩薩摩訶薩受空中聲重教誡已，轉增歡喜從是東行。未久之間復作是念：『我寧不問彼空中聲遣我東行，去當遠近至何城邑？復從誰聞甚深般若波羅蜜多？』作是念已即住其處，搥胸悲歎憂愁啼泣。經須臾頃作是思惟：『我住此中過一晝夜，乃至或過七晝七夜，不辭疲倦，不念睡眠，不思飲食，不想晝夜，不怖寒熱，於內外法心不散亂，若未審知去之遠近所至城邑，及所從聞甚深般若波羅蜜多，終不起心捨於此處。』

「善現！當知譬如父母唯有一子，端正黠慧多諸伎能，愛之甚重。其子盛壯卒便命終，父母爾時悲號苦毒，唯憶其子更無餘念。常啼菩薩亦復如是，當於爾時更無餘念，唯作是念：『我於何時當聞般若波羅蜜多？我先何故不問空聲勸我東行去當遠近至何處所？復從誰聞甚深般若波羅蜜多？』

「善現！當知常啼菩薩摩訶薩如是悲泣自歎恨時，欻於其前有佛像現，讚常啼菩薩摩訶薩言：『善哉！善哉！善男子！過去如來、應、正等覺為菩薩時，以勤苦行求深般若波羅蜜多，亦如汝今求之加行。又，善男子！汝以如是勇猛精進愛樂恭敬求法之心，從此東行過於五百踰繕那量，有大王城名具妙香。其城高廣七寶成就，於其城外周匝皆有七寶所成，七重垣牆、七重樓觀、七重欄楯、七重寶塹、七重行列寶多羅樹，是垣牆等互相間飾，發種種光甚可愛樂。此大寶城面各十二踰繕那量，清淨寬廣人物熾盛安隱豐樂，中有五百街巷市鄽，度量相當端嚴如畫，於諸衢陌各有清流亘以寶舫往來無擁，一一街巷清淨嚴飾，灑以香水布以名華，城及垣牆皆有卻敵雉堞、樓閣，紫金所成，*鎣以眾珍光明輝煥，於雉堞間厠以寶樹，是一一樹根莖枝葉，及以花果皆別寶成，城垣樓閣及諸寶樹，覆以金網連以寶繩，懸以金鈴綴以寶鐸，微風吹動發和雅音，譬如善奏五支諸樂，是寶城內無量有情，晝夜恒聞歡娛快樂。城外周匝七重寶塹，八功德水彌滿其中，冷煖調和清澄皎鏡，水中處處有七寶船，間飾莊嚴眾所喜見，彼有情類宿業所招，時共乘之汎漾遊戲，諸塹水內具眾妙花，嗢鉢羅花、鉢特摩花、拘母陀花、奔*荼利華及餘種種雜類寶花，色香鮮郁遍覆水上，以要言之三千界內所有名花無不備足。有五百苑周環大城，種種莊嚴甚可憙樂，一一苑內有五百池，其池縱廣一俱盧舍，七寶莊嚴悅可眾心，於諸池中有四妙花，嗢鉢羅花、鉢特摩花、拘母陀花、奔*荼利花，量如車輪暎蔽于水，其花皆以眾寶所成，青色青顯青影青光，黃色黃顯黃影黃光，赤色赤顯赤影赤光，白色白顯白影白光。諸苑池中多有眾鳥，孔雀、鸚鵡、鳧鷖、鴻鴈、黃鵙、鶬鷹、青鶖、白鵠、春鶯、鶖鷺、鴛鴦、鳩鵲、翡翠、精衛、鵾雞、鳫瑪、鵝鷗、鵾鳳、妙翅、鶙鷉、羯羅頻迦、命命鳥等，音聲相和遊戲其中。是諸苑池的無所屬，彼有情類長夜修行甚深般若波羅蜜多，於深法門皆生信樂，宿世共造如是勝業故，於今時同受斯果。

「『又，善男子！妙香城中有高勝處，是法湧菩薩摩訶薩所住之宮。其宮縱廣一踰繕那，衆寶莊嚴奇妙可愛，宮外周匝七重垣牆、七重樓閣、七重欄楯、七重寶塹、七重行列寶多羅樹，是垣牆等綺飾莊嚴甚可愛樂。有四妙苑周環此宮，一名常喜，二名離憂，三名華嚴，四名香飾。一一苑內各有八池，一名賢善，二名賢上，三名歡喜，四名喜上，五名安隱，六名具安，七名離怖，八名不退。諸池四面各一寶成，一金，二銀，三吠瑠璃，四頗胝迦。羯雞都寶以為池底，金沙布上妙水湛然，一一池濱有八階陛，種種妙寶以為嚴飾，用勝上金而為其蹬，諸階兩間有芭蕉樹，行列間飾紫金所成，是諸池中具四妙花，嗢鉢羅花、鉢特摩花、拘母陀花、奔荼利花，衆色間雜彌布水上，周池四邊有香花樹，清風時鼓散於水中，諸池皆具八功德水，香如栴檀色味具足，有鳧鴈等遊戲其中。法湧菩薩摩訶薩住此宮中，常與六萬八千侍女遊諸苑池，以妙五欲共相娛樂，妙香城中男女大小為欲瞻仰法湧菩薩及聽法故，有時得入常喜等苑、賢善等池，亦以五欲共相娛樂。

「『又，善男子！法湧菩薩摩訶薩與諸侍女受妙樂已，晝夜三時為說般若波羅蜜多。妙香城內有諸士女，於其城中七寶臺上，為法湧菩薩摩訶薩敷師子座眾寶莊飾。其座四足各一寶成，一金，二銀，三吠琉璃，四頗胝迦。於其座上重敷裀褥，次鋪綺帊，覆以白氎絡以綩綖，寶座兩邊雙設丹枕，垂諸幃帶散妙香花。其座高廣半俱盧舍，於上空中張以綺幔，內施珠帳稱座大小，垂諸花纓懸以金鐸，為敬法故於座四邊，散五色花燒無價香。復以種種澤香、末香塗散其地，羅列眾多寶幢幡蓋。法湧菩薩於時時中昇此寶座，為眾宣說甚深般若波羅蜜多。每說法時皆有無量天、龍、藥叉、健達縛、阿素洛、揭路*茶、緊捺洛、莫呼洛伽人非人等俱來集會，恭敬供養法湧菩薩，聽受般若波羅蜜多。時，諸大眾既聞法已，有誦持者，有書寫者，有轉讀者，有思惟者，有如說行者，有開悟他者，由是因緣彼有情類，於諸惡趣得不墮法，及於無上正等菩提永不退轉。汝善男子應勤精進速疾往詣法湧菩薩摩訶薩所，當令汝聞所求般若波羅蜜多。

「『又，善男子！法湧菩薩是汝長夜真淨善友，示現教導讚勵慶喜，令汝速證所求無上正等菩提。法湧菩薩於過去世，以勤苦行求深般若波羅蜜多，亦如汝今求之方便，汝宜速往法湧菩薩摩訶薩所，勿生疑難，莫計晝夜，不久當聞甚深般若波羅蜜多。』

「爾時，常啼菩薩摩訶薩聞是語已，心生適悅踊躍歡喜，作是思惟：『何時當見法湧菩薩從彼得聞甚深般若波羅蜜多？』

「善現！當知譬如有人遇中毒箭，為苦所切更無餘想，但作是念：『我於何時得遇良醫，為拔此箭得免斯苦？』常啼菩薩亦復如是，當於爾時更無餘想，＊但作是念：『我於何時當見法湧菩薩摩訶薩，親近供養得聞般若波羅蜜多，聞已便能永斷種種虛妄分別有所得見，疾證無上正等菩提？』

「善現！當知常啼菩薩即住此處作是念時，於一切法中起無障智見，由斯智見即能現入無量殊勝三摩地門，所謂：觀一切法自性三摩地、於一切法自性無所得三摩地、破一切法無智三摩地、得一切法無差別三摩地、見一切法無變異三摩地、能照一切法三摩地、於一切法離闇三摩地、得一切法無別意趣三摩地、知一切法都無所得三摩地、散一切花三摩地、引發一切法無我三摩地、離幻三摩地、引發鏡像照明三摩地、引發一切有情語言三摩地、令一切有情歡喜三摩地、善隨順一切有情語言三摩地、引發種種語言文句三摩地、無怖無斷三摩地、能說一切法本性不可說三摩地、得無礙解脫三摩地、遠離一切塵三摩地、名句文詞善巧三摩地、於一切法起勝觀三摩地、得一切法無礙際三摩地、如虛空三摩地、金剛喻三摩地、雖現行色而無所犯三摩地、得勝三摩地、得無退眼三摩地、出法界三摩地、安慰調伏三摩地、師子奮迅欠呿哮吼三摩地、映奪一切有情三摩地、遠離一切垢三摩地、於一切法得無染三摩地、蓮花莊嚴三摩地、斷一切疑三摩地、隨順一切堅固三摩地、出一切法三摩地、得神通力無畏三摩地、現前通達一切法三摩地、壞一切法印三摩地、現一切法無差別三摩地、離一切見稠林三摩地、離一切闇三摩地、離一切相三摩地、脫一切著三摩地、離一切懈怠三摩地、得深法明三摩地、如妙高山三摩地、不可引奪三摩地、摧伏一切魔軍三摩地、不著三界三摩地、引發一切殊勝光明三摩地，如是乃至現見諸佛三摩地。

「常啼菩薩安住如是三摩地中，現見十方無量無數無邊世界諸佛如來，為諸菩薩摩訶薩衆宣說般若波羅蜜多時，諸如來、應、正等覺咸共讚慰教誡教授常啼菩薩摩訶薩言：『善哉！善哉！善男子！我等本行菩薩道時，亦如汝今以勤苦行求深般若波羅蜜多，於勤求時亦如汝今現得如是諸三摩地，我等爾時得是無量勝三摩地，究竟修已則能成辦甚深般若波羅蜜多方便善巧，由斯能辦一切佛法，便得住於不退轉地。我等觀此諸三摩地所稟自性無入無出，亦不見法能入出者，亦不見此能修菩薩摩訶薩行，亦不見此能證無上正等菩提。我等爾時以於諸法無所執故，即名般若波羅蜜多。我等住此無所執故，便能獲得真金色身常光一尋，具三十二大丈夫相、八十隨好圓滿莊嚴。又能證得不可思議無上佛智、無上佛戒、無上佛定、無上佛慧，一切功德波羅蜜多無不圓滿。以能圓滿一切功德波羅蜜多，佛尚不能取量盡說，況諸聲聞及獨覺等！以是故，善男子！汝於此法倍應恭敬，愛樂勤求無得暫捨，若於此法倍生恭敬，愛樂勤求能不暫捨，便於無上正等菩提易可證得。又，善男子！汝於善友應常恭敬，愛樂勤求如諸佛想。何以故？善男子！若菩薩摩訶薩常為善友之所攝護，疾得無上正等菩提。』

「是時，常啼菩薩摩訶薩即白十方諸佛言：『何等名為我之善友？我當親近恭敬供養？』

「十方諸佛告常啼言：『有法湧菩薩摩訶薩是汝長夜真淨善友，能攝護汝令汝成熟所求無上正等菩提，亦令汝學甚深般若波羅蜜多方便善巧，彼能長夜攝益汝故是汝善友，汝應親近恭敬供養。又，善男子！汝若一劫若二若三，如是乃至若百千劫，或復過是，恭敬頂戴法湧菩薩。復以一切上妙樂具，乃至三千大千世界所有妙色、聲、香、味、觸盡以供養，未能報彼須臾之恩。何以故？善男子！汝因法湧菩薩威力，現得如是無量勝妙三摩地門，又當因彼令汝獲得甚深般若波羅蜜多方便善巧，疾證無上正等菩提。』

「時，十方佛方便讚慰教誡教授常啼菩薩，令歡喜已忽然不現。

「爾時，常啼菩薩摩訶薩從現所證三摩地起，不見諸佛心懷惆悵，作是思惟：『我向所見十方諸佛，先從何來今往何所？誰能為我斷如是疑？』復作是念：

『法湧菩薩久已修學甚深般若波羅蜜多方便善巧，已得無量陀羅尼門及三摩地，於諸菩薩自在神通已到究竟，已曾供養無量如來、應、正等覺，於諸佛所發弘誓願種諸善根，於長夜中為我善友，常攝受我令獲利樂。我當疾詣法湧菩薩摩訶薩所，問向所見十方諸佛，先從何來今往何所？彼能為我斷如是疑。』

「善現！當知是時常啼菩薩摩訶薩作此念已，便於法湧菩薩摩訶薩所，轉增愛敬清淨之心。復作是念：『我今欲詣法湧菩薩摩訶薩所，當以何物而為供養？然我貧匱，無有花香、澤香、散香、衣服、瓔珞、寶幢、幡蓋、伎樂、燈明、末尼、真珠、吠琉璃寶、頗胝迦寶、金銀、珊瑚、螺貝、璧玉及餘種種上妙供具，可以供養甚深般若波羅蜜多及說法師法湧菩薩。我定不應空爾而詣法湧菩薩摩訶薩所，我若空往自喜不生，何以表知至誠求法，我於今者應自賣身以求價直，持用供養甚深般若波羅蜜多及說法師法湧菩薩。何以故？我於長夜諸界趣生，虛喪壞滅無邊身命，無始生死為欲因緣，墮諸地獄受無量苦，未為供養如是妙法及說法師自捨身命。故我今者定應賣身以求財物，持用供養甚深般若波羅蜜多及說法師法湧菩薩。』

「爾時，常啼菩薩摩訶薩作是念已，漸次東行至一大城，寬廣嚴淨多諸人眾安隱豐樂。常啼菩薩入市肆中，處處巡環高聲唱曰：『我今自賣，誰欲買人？我今自賣，誰欲買人？』是時，惡魔見此事已，便作是念：『常啼菩薩愛重法故欲自賣身，謂為供養甚深般若波羅蜜多及說法師法湧菩薩摩訶薩故，因斯當得如理請問甚深般若波羅蜜多方便善巧，謂作是問：「云何菩薩方便修行甚深般若波羅蜜多速證無上正等菩提？」作是問已，法湧菩薩當為宣說甚深法要，令得多聞猶如大海，魔及眷屬所不能壞，漸能圓滿一切功德，因斯饒益諸有情類，令得無上正等菩提。彼復能令諸有情類證得無上正等菩提，展轉相承空我境界。我當方便隱蔽其聲，令此城中長者、居士、婆羅門等咸不能聞。』唯除城中一長者女宿善根力魔不能蔽。

「常啼菩薩由是因緣，經於久時賣身不售，愁憂苦惱在一處立，涕淚而言：『我有何罪？為欲供養甚深般若波羅蜜多及說法師法湧菩薩摩訶薩故，雖自賣身而無買者？』

「時天帝釋見已，念言：『此善男子，*似為供養甚深般若波羅蜜多及說法師法湧菩薩，愛重法故自賣其身，我當試之：為實慕法？為懷諂詐誑惑世間？』如是念已即自化作少婆羅門，詣常啼所問言：『男子！汝今何緣佇立悲涕愁憂不樂？』

「常啼菩薩答言：『儒童！我為供養甚深般若波羅蜜多及說法師法湧菩薩，然我貧乏無諸財寶，愛重法故欲自賣身，遍此城中無相問者，自惟薄福住此憂悲。』

「時，婆羅門語常啼曰：『我於今者正欲祠天，不用人身，但須人血、人髓、人心，頗能賣不？』

「常啼菩薩聞已，念言：『我於今者定獲勝利。所以者何？彼欲買者我皆具有，由斯價直當得供養甚深般若波羅蜜多及說法師法湧菩薩，令我具足甚深般若波羅蜜多方便善巧，疾證無上正等菩提。』作是念時，歡喜踊躍，以柔軟語報婆羅門：『仁所買者我悉能賣。』

「婆羅門言：『須幾價直？』

「常啼報曰：『隨意相酬。』

「爾時，常啼作是語已，即申右手執取利刀，刺己左臂令出其血，復割右髀皮肉置地，破骨出髓與婆羅門，復趣牆邊欲剖心出。

「有長者女處於高閣，先見常啼揚聲自賣，後時復見自害其身，作是念言：『此善男子何因緣故困苦其身，我當問之。』念已下閣到常啼所，作是問言：『汝何因緣，先唱自賣，今出血髓復欲剖心？』

「常啼報曰：『姊不知耶？我為供養甚深般若波羅蜜多及說法師法湧菩薩，然我貧乏無諸財寶，愛重法故先自賣身，無相買者，今賣三事與婆羅門。』

「長者女言：『汝今自賣身血、心、髓，欲持價直供養般若波羅蜜多及說法師法湧菩薩，當獲何等功德勝利？』

「常啼答言：『法湧菩薩於甚深法已得自在，當為我說甚深般若波羅蜜多方便善巧，菩薩所學，菩薩所乘，菩薩所行，菩薩所作。我得聞已如說修行，成熟有情、嚴淨佛土，速證無上正等菩提，得金色身，具三十二大丈夫相、八十隨好圓滿莊嚴，常光一尋餘光無量，具佛十力、四無所畏、四無礙解、大慈、大悲、大喜、大捨、十八佛不共法、無忘失法、恒住捨性、五淨眼、六神通，不可思議清淨戒蘊、定蘊、慧蘊、解脫蘊、解脫智見蘊、無障智見、無上智見，得一切智、道相智、一切相智，具足一切無上法寶，分布施與一切有情，與諸有情作所依止。我捨身命為供養彼，當獲此等功德勝利。』」

「時，長者女聞說殊勝不可思議微妙佛法，歡喜踊躍身毛皆竪，恭敬合掌白常啼言：『大士所說第一廣大，最勝微妙甚為希有，為獲如是一一佛法，尚應棄捨如殑伽沙所重身命，況唯捨一！所以者何？若得如是微妙功德，則能利樂一切有情。大士家貧，尚為如是微妙功德不惜身命，況我家富多有珍財，為是功德而不棄捨！大士今應勿復自害，所須供具盡當相與。所謂金銀、吠琉璃寶、頗胝迦寶、末尼、真珠、杵藏、石藏、螺貝、璧玉、帝青、大青、珊瑚、虎珀，及餘無量異類珍財，花、香、瓔珞、寶幢、幡蓋、伎樂、燈明、車乘、衣服，并餘種種上妙供具，可持供養甚深般若波羅蜜多及說法師法湧菩薩。唯願大士勿復自害，我身亦願隨大士往法湧菩薩摩訶薩所，俱時瞻仰共植善根，為得所說諸佛法故。』」

大般若波羅蜜多經卷第三百九十八

大般若波羅蜜多經卷第三百九十九

三藏法師玄奘奉　詔譯

初分常啼菩薩品第七十七之二

「時，天帝釋即復本形，在常啼前曲躬而立，讚言：『大士！善哉！善哉！為法至誠堅固乃爾，過去諸佛為菩薩時亦如大士，以堅固願求深般若波羅蜜多方便善巧，請問菩薩所學、所乘、所行、所作心無厭倦，成熟有情、嚴淨佛土，已證無上正等菩提。大士！當知我實不用人血、心、髓，但來相試。今何所願？我當相與以酬輕觸損惱之愆。』

「常啼報言：『我本所願唯有無上正等菩提，天主頗能與斯願不？』

「時，天帝釋赧然有愧，白常啼言：『此非我力，唯有諸佛大聖法王於法自在能與斯願。大士！今應除無上覺更求餘願，我當與之。』

「常啼報曰：『甚深般若波羅蜜多亦我所願，頗能惠不？』

「時，天帝釋倍復生慚，白常啼言：『我於此願亦不能與，然我有力令大士身平復如故，用斯願不？』

「常啼報言：『如是所願自能滿足無勞天主。所以者何？我若啟告十方諸佛發誠諦言：「今自賣身實為慕法，不懷諂詐誑惑世間，由此因緣定於無上正等菩提不退轉者，令我身形平復如故。」此言未訖，自能令我平復如故，豈假天威！』

「天帝釋言：『如是！如是！佛之神力不可思議，菩薩至誠何事不辦！然由我故損大士身，唯願慈悲許辦斯事。』

「常啼菩薩便告彼言：『既爾慇懃當隨汝意。』

「時，天帝釋即現天威，令常啼身平復如故，乃至不見少分瘡痕，形貌端嚴過於往日，愧謝右遶忽然不現。

「爾時，長者女見常啼菩薩希有之事，轉增愛重，恭敬合掌白常啼言：『願降慈悲暫臨我宅，所須供養甚深般若波羅蜜多及說法師法湧菩薩上妙供具，為白父母一切當得。我及侍從亦辭父母，隨大士往具妙香城，為欲供養甚深般若波羅蜜多及說法師法湧菩薩摩訶薩故。』

「是時，常啼隨彼所願，俱到其舍在門外止。時，長者女即入其舍白父母言：『願多與我家中所有上妙花鬘、塗散等香、衣服、瓔珞、寶幢、幡蓋、伎樂、蘇油、末尼、真珠、吠琉璃寶、頗胝迦寶、珊瑚、琥珀、螺貝、璧玉、杵藏、石藏、帝青、大青並金銀等種種供具，亦聽我身及先事我五百侍女持諸供具，皆當隨從常啼菩薩往妙香城，為欲供養甚深般若波羅蜜多及說法師法湧菩薩。彼當為我宣說法要，我得聞已如說修行，定獲無邊微妙佛法。』

「時，彼父母聞已驚駭，即問女言：『常啼菩薩今在何處？是何等人？』

「女即白言：『今在門外，彼是大士為欲度脫一切有情生死苦故，勤求無上正等菩提。又彼大士愛重正法不惜身命，為欲供養菩薩所學甚深般若波羅蜜多及說法師法湧菩薩摩訶薩故，入此城中處處巡環，高聲唱曰：「我今自賣！誰欲買人？我今自賣！誰欲買人？」經於久時賣身不售，愁憂苦惱在一處立，涕淚而言：「我有何罪？為欲供養甚深般若波羅蜜多及說法師法湧菩薩摩訶薩故，雖自賣身而無買者？」

「『時，天帝釋為欲試驗，即自化作少婆羅門來至其前，問言：「男子！汝何住此憂悲不樂？」時，彼大士答言：「儒童！我為供養甚深般若波羅蜜多及說法師法湧菩薩，然我貧乏無諸財寶，愛重法故欲自賣身，遍此城中無相問者，自惟薄福住此憂悲。」時，婆羅門語大士曰：「我於今者正欲祠天，不用人身但須人血、人髓、人心，頗能賣不？」大士聞已歡喜踊躍，以柔軟語報婆羅門：「仁所買者我悉能賣。」婆羅門言：「須幾價直？」大士報曰：「隨意相酬。」大士爾時作是語已，即申右手執取利刀，刺己左臂令出其血，復割右髀皮肉置地，破骨出髓與婆羅門，復趣牆邊欲剖心出。

「『我在高閣遙見是事，作是念言：「此善男子何因緣故困苦其身，我當問之。」念已下閣到大士所，作是問言：「汝何因緣先唱自賣，今出血、髓復欲剖心？」彼答我曰：「姊不知耶？我為供養甚深般若波羅蜜多及說法師法湧菩薩，然我貧乏無諸財寶，愛重法故先自賣身無相買者，今賣三事與婆羅門。」我時問言：「汝今自賣身血、心、髓，欲持價直供養般若波羅蜜多及說法師法湧菩薩，當獲何等功德勝利？」彼答我言：「法湧菩薩於甚深法已得自在，當為我說甚深般若波羅蜜多方便善巧，菩薩所學，菩薩所乘，菩薩所行，菩薩所作。我得聞已如說修行，成熟有情、嚴淨佛土，速證無上正等菩提，得金色身，具三十二大丈夫相、八十隨好圓滿莊嚴，常光一尋餘光無量，具佛十力、四無所畏、四無礙解、大慈、大悲、大喜、大捨、十八佛不共法、無忘失法、恒住捨性、五淨眼、六神通，不可思議清淨戒蘊、定蘊、慧蘊、解脫蘊、解脫智見蘊、無障智見、無上智見，得一切智、道相智、一切相*智，具☆足一切無上法寶，分布施與一*切有☆情，與諸有情作所依止。我捨身*命為☆供養彼，當獲此等功德勝利。」

「『我*時聞☆說如是殊勝不可思議微妙佛法，歡喜踊躍身毛皆豎，恭敬合掌

而白彼言：「大士所說第一廣大，最勝微妙甚為希有，為獲如是一一佛法，尚應棄捨如殑伽沙所重身命，況唯捨一！所以者何？若得如是微妙功德，則能利樂一切有情。大士家貧，尚為如是微妙功德不惜身命，況我家富多有珍財，為是功德而不棄捨！大士今應勿復自害，所須供具盡當相與。所謂金、銀、吠琉璃寶、頗胝迦寶、末尼、真珠、杵藏、石藏、螺貝、璧玉、帝青、大青、珊瑚、琥珀及餘無量異類珍財，花、香、瓔珞、寶幢、幡蓋、伎樂、燈明、車乘、衣服，并餘種種上妙供具，可持供養甚深般若波羅蜜多及說法師法湧菩薩。唯願大士勿復自害。我身亦願隨大士往法湧菩薩摩訶薩所，俱時瞻仰共植善根，為得所說諸佛法故。」

「『時，天帝釋即復本形在彼前住，曲躬合掌讚言：「大士！善哉！善哉！為法至誠堅固乃爾，過去諸佛為菩薩時亦如大士，以堅固願求深般若波羅蜜多方便善巧，請問菩薩所學、所乘、所行、所作心無厭倦，成熟有情、嚴淨佛土，已證無上正等菩提。大士！當知我實不用人血、心、髓，但來相試。今何所願？我當相與以酬輕觸損惱之愆。」

「『彼即報言：「我本所願唯有無上正等菩提，天主頗能與斯願不？」時，天帝釋赧然有愧，而白彼言：「此非我力，唯有諸佛大聖法王於法自在能與斯願。大士！今應除無上覺更求餘願，我當與之。」

「『彼便報曰：「甚深般若波羅蜜多亦我所願，頗能惠不？」時，天帝釋倍復生慚，而白彼言：「我於此願亦不能與，然我有力令大士身平復如故，用斯願不？」彼復報言：「如是所願自能滿足無勞天主。所以者何？我若啟告十方諸佛發誠諦言：『今自賣身實為慕法，不懷諂詐誑惑世間，由此因緣定於無上正等菩提不退轉者，令我身形平復如故。』此言未訖，自能令我平復如故，豈假天威！」

「『天帝釋言：「如是！如是！佛之神力不可思議，菩薩至誠何事不辦，然由我故損大士身，唯願慈悲許辦斯事。」時，彼大士告帝釋言：「既爾慇懃當隨汝意。」時，天帝釋即現天威，令彼身形平復如故，乃至不見少分瘡痕，形貌端嚴過於往日，愧謝右遶忽然不現。

「『我既見彼希有之事，轉增愛敬合掌白言：「願降慈悲暫臨我宅，所須供養甚深般若波羅蜜多及說法師法湧菩薩供養之具，為白父母一切當得。我及侍從亦辭父母，隨大士往具妙香城，為欲供養甚深般若波羅蜜多及說法師法湧菩薩摩訶薩故。」

「『今彼大士以我至誠，不遺所願來至門首，唯願父母多與珍財，及許我身并先事我五百侍女持諸供具，咸當隨從常啼菩薩往妙香城，禮敬供養甚深般若波羅蜜多及說法師法湧菩薩，為得所說諸佛法故。』

「爾時，父母聞女所說，歡喜踊躍歎未曾有，便告女言：『如汝所說，常啼菩薩甚為希有，能擐如是大功德鎧，勇猛精進求諸佛法；所求佛法微妙最勝，廣大清淨不可思議，能引世間諸有情類令獲殊勝利益安樂。汝於是法既深愛重，欲隨善友持諸供具往妙香城，供養般若波羅蜜多及說法師法湧菩薩，為欲證得諸佛法故，我等云何不生隨喜？今聽汝去，我等亦欲與汝相隨，汝歡喜不？』

「女即白言：『甚大歡喜！我尚不礙餘人善法，況父母耶！』

「父母報言：『汝應嚴辦供具、侍從，速當共往。』時，長者女即便營辦五百乘車七寶嚴飾，亦令五百常隨侍女恣意各取衆寶嚴身，復取金銀、吠琉璃寶、頗胝迦寶、末尼、真珠、帝青、大青、螺貝、璧玉、珊瑚、琥珀、杵藏、石藏及餘無量異類珍財，種種花、香、衣服、瓔珞、寶幢、幡蓋、伎樂、蘇油、上妙珍財各無量種并餘種種上妙供具。

「其女既辦如是事已，恭敬啟請常啼菩薩前乘一車，身及父母侍女五百各乘一車，圍遶侍從常啼菩薩，漸漸東去至妙香城。見城高廣七*重成就，於其城外周匝皆有七寶所成七重垣牆、七重樓觀、七重欄楯、七重寶塹、七重行列寶多羅樹，是垣牆等互相間飾，發種種光甚可愛樂。此大寶城面各十二踰繕那量，清淨寬廣人物熾盛安隱豐樂，中有五百街巷市鄽，度量相當端嚴如畫。於諸衢陌各有清流，亘以寶舫往來無擁。一一街巷清淨嚴飾，灑以香水布以名花。城及垣牆皆有卻敵雉堞、樓閣，紫金所成，鎣以衆珍光明輝煥。於雉堞間厠以寶樹，是一一樹根莖枝葉及以花果皆別寶成。城垣樓閣及諸寶樹，覆以金網，連以寶繩，懸以金鈴，綴以寶鐸，微風吹動發和雅音，譬如善奏五支諸樂。城外周匝七重寶塹，八功德水彌滿其中，冷暖調和清澄皎鏡，水中處處有七寶船，間飾莊嚴衆所樂見。諸塹水內具衆妙華，色香鮮郁遍覆水上。有五百苑周圜大城，種種莊嚴甚可憙樂。一一苑內有五百池，其池縱廣一俱盧舍，七寶莊飾悅可衆心。於諸池內有四色花，量如車輪映蔽于水，其華皆以七寶所成。諸池苑中多有衆鳥，音聲相和聚散遨遊。漸復前行，即便遙見法湧菩薩摩訶薩正處七寶臺坐師子座，無量無數百千俱胝那庾多衆前後圍遶而為說法。

「爾時，常啼菩薩摩訶薩最初遙見法湧菩薩摩訶薩故身心悅樂，譬如苾芻繫念一境忽然得入第三靜慮。既遙見已，作是念言：『我等不應乘車而趣法湧菩薩摩訶薩所。』作是念已，即便下車整理衣服。

「時，長者女及彼父母，侍女五百亦皆下車，各以上妙衆寶衣服嚴飾其身，持諸供具恭敬圍遶常啼菩薩，徐行而趣法湧菩薩摩訶薩所。其路邊有法湧菩薩所營七寶大般若臺，以赤栴檀而為塗飾，懸寶鈴鐸出微妙音，周匝皆垂真珠羅網。於臺四角懸四寶珠，以為燈明晝夜常照。寶臺四面有四香爐，白銀所成衆寶嚴飾，恒時燒以黑沈水香，散衆妙花而為供養。臺中有座七寶所成，其上重敷茵褥綺帊。於斯座上復有一函，四寶合成莊嚴綺麗，一金、二銀、三吠琉璃、四帝青寶。真金葉上鎔琉璃汁，書以般若波羅蜜多置此函中恒時封印。臺中處處懸寶幡花，間飾莊嚴甚可愛樂。

「常啼菩薩、長者女等見此寶臺莊嚴殊妙，合掌恭敬歎未曾有。復見帝釋與其無量百千天衆在寶臺邊，持天種種上妙香末及衆寶屑、微妙香花、金銀花等散寶臺上，於虛空中奏天伎樂。

「常啼菩薩見是事已，問帝釋言：『何緣天主與諸天衆供養此臺？』

「天帝釋曰：『大士！今者豈不知耶？於此臺中有無上法，名深般若波羅蜜多，是諸如來、應、正等覺及諸菩薩摩訶薩母，能生能攝一切如來、應、正等覺及諸菩薩摩訶薩衆。若菩薩摩訶薩能於此中精勤修學，速到一切功德彼岸，速能成辦一切佛法，速能證得一切智智。由是因緣，我等於此與諸眷屬恭敬供養。』

「常啼菩薩聞已歡喜，尋聲復問天帝釋言：『如是所說甚深般若波羅蜜多今在何處？我欲供養唯願示之！』」

「天帝釋言：『大士知不？甚深般若波羅蜜多，在此臺中七寶座上四寶函內，真金為葉，吠琉璃寶以為其字，法湧菩薩以七寶印自封印之，我等不能輒開相示。』」

「爾時，常啼菩薩摩訶薩及長者女並其父母、侍女五百聞是語已，即取所持花、香、珍寶、衣服、瓔珞、寶幢、幡蓋、伎樂、燈明及餘種種供養之具分作二分，先持一分詣寶臺所供養般若波羅蜜多，復持一分俱共往詣法湧菩薩摩訶薩所。到已皆見法湧菩薩坐師子座大眾圍遶，即以花、香、寶幢、幡蓋、衣服、瓔珞、伎樂、燈明諸珍寶等，散列供養此說法師及所說法。法湧菩薩威神力故，即令所散種種妙花，於虛空中當其頂上，欻然合作一妙花臺，眾寶莊嚴甚可愛樂。復令所散種種妙香，於虛空中當花臺上，欻然合成一妙香蓋，種種珍寶而為嚴飾。復令所散諸妙寶衣，於虛空中當香蓋上，欻然合成一妙寶帳，亦以眾寶間飾莊嚴。餘所散列寶幢、幡蓋、伎樂、燈明、諸瓔珞等，自然湧在臺帳蓋邊，周匝莊嚴妙巧安布。

「常啼菩薩、長者女等見是事已歡喜踊躍，異口同音皆共稱歎法湧菩薩摩訶薩言：『今我大師甚為希有，能現如是大威神力。為菩薩時尚能如是，況得無上正等菩提！』

「是時，常啼及長者女并諸眷屬，深心愛重法湧菩薩摩訶薩故，皆發無上正等覺心，作是願言：

我等由此殊勝善根，願當來世必成如來、應、正等覺。我等由此殊勝善根，願當來世精勤修學菩薩道時，於深法門通達無礙，如今大師法湧菩薩。我等由此殊勝善根，願當來世精勤修學菩薩道時，能以上妙七寶臺閣及餘供具供養般若波羅蜜多，如今大師法湧菩薩。我等由此殊勝善根，願當來世精勤修學菩薩道時，處大衆中坐師子座，宣說般若波羅蜜多甚深義理都無所畏，如今大師法湧菩薩。我等由此殊勝善根，願當來世精勤修學菩薩道時，成就般若波羅蜜多巧方便力，速能成辦所求無上正等菩提，如今大師法湧菩薩。我等由此殊勝善根，願當來世精勤修學菩薩道時，得勝神通變化自在，利益安樂無量有情，如今大師法湧菩薩。

「常啼菩薩及長者女并諸眷屬，持諸供具供養般若波羅蜜多及說法師法湧菩薩摩訶薩已，頂禮雙足合掌恭敬，右遶三匝却住一面。

「爾時，常啼菩薩摩訶薩曲躬合掌，白法湧菩薩摩訶薩言：『我常樂居阿練若處求深般若波羅蜜多，曾於一時欻然聞有空中聲曰：「咄！善男子！汝可東行，決定得聞甚深般若波羅蜜多。」我聞空中如是教已，歡喜踊躍即便東行，未久之間作如是念：「我寧不問彼空中聲遣我東行去當遠近？至何城邑？復從誰聞甚深般若波羅蜜多？」作是念已即住其處，搥胸悲歎愁憂啼泣，經七晝夜不辭疲倦，不念睡眠，不思飲食，不想晝夜，不怖寒熱，於內外法心不散亂，唯作是念：「我於何時當聞般若波羅蜜多？我先何故不問空聲勸我東行去當遠近？至何處所？復從誰聞甚深般若波羅蜜多？」

「『我於如是愁憂啼泣自歎恨時，欻於我前有佛像現告我言：「善男子！汝以如是勇猛精進愛樂恭敬求法之心，從此東行過於五百踰繕那量，有大王城名具妙香，中有菩薩名為法涌，常為無量百千有情宣說般若波羅蜜多，汝當從彼得聞般若波羅蜜多。又，善男子！法涌菩薩是汝長夜清淨善友，示現教導讚勵慶喜，令汝速證所求無上正等菩提。法涌菩薩於過去世以勤苦行求深般若波羅蜜多，亦如汝今求之方便，汝宜速往法涌菩薩摩訶薩所，勿生疑難，莫計晝夜，不久當聞甚深般若波羅蜜多。』

「『我時得聞如是語已，心生適悅踊躍歡喜，作是思惟：「何時當見法涌菩薩？從彼得聞甚深般若波羅蜜多，聞已便能永斷種種虛妄分別有所得見，疾證無上正等菩提？」作是念時，於一切法即能現起無障智見，由斯智見即得現入無量殊勝三摩地門。我住如是三摩地中，現見十方無量無數無邊世界諸佛如來，為諸菩薩摩訶薩眾宣說般若波羅蜜多。

「『時，諸如來、應、正等覺，咸共讚慰慇懃教誡教授我言：「善哉！善哉！善男子！我等本行菩薩道時，亦如汝今以勤苦行求深般若波羅蜜多，於勤苦時亦如汝今現得如是諸三摩地。我等爾時得是無量勝三摩地，究竟修已則能成辦甚深般若波羅蜜多方便善巧，由斯能辨一切佛法，便得住於不退轉地。」

「『時，十方佛廣教慰我，令歡喜已忽然不現。我從所證三摩地起，不見諸佛心懷惆悵，作是思惟：「我向所見十方諸佛先從何來？今往何所？誰能為我斷如是疑？」復作是念：「法湧菩薩久已修學甚深般若波羅蜜多方便善巧，已得無量陀羅尼門及三摩地，於諸菩薩自在神通已到究竟，已曾供養無量如來、應、正等覺，於諸佛所發弘誓願種諸善根，於長夜中為我善友，常攝受我令獲利樂，我當疾詣法湧菩薩摩訶薩所，問向所見十方諸佛先從何來？今往何所？彼能為我斷如是疑。」

「『我於爾時作是念已，勇猛精進漸復東行，荏苒多時入此城邑，漸復前進遙見大師處七寶臺坐師子座，大衆圍遶而為說法。我於是處初見大師，身心悅樂，譬如苾芻忽然得入第三靜慮。故我今者請問大師：我先所見十方諸佛先從何來？今往何所？唯願為我說彼諸佛所從至處，令我了知，知已生生常見諸佛。』

初分法湧菩薩品第七十八之一

「爾時，法湧菩薩摩訶薩告常啼菩薩摩訶薩言：『善男子！一切如來、應、正等覺、明行圓滿、善逝、世間解、無上丈夫、調御士、天人師、佛、薄伽梵所有法身，無所從來，亦無所去。何以故？善男子！諸法實性皆不動故。

「『善男子！諸法真如無來無去、不可施設，如是真如即是如來、應、正等覺，廣說乃至佛、薄伽梵。

「『善男子！諸法法界無來無去、不可施設，如是法界即是如來、應、正等覺，廣說乃至佛、薄伽梵。

「『善男子！諸法法性無來無去、不可施設，如是法性即是如來、應、正等覺，廣說乃至佛、薄伽梵。

「『善男子！不虛妄性無來無去、不可施設，不虛妄性即是如來、應、正等覺，廣說乃至佛、薄伽梵。

「『善男子！不變異性無來無去、不可施設，不變異性即是如來、應、正等覺，廣說乃至佛、薄伽梵。

「『善男子！法平等性無來無去、不可施設，法平等性即是如來、應、正等覺，廣說乃至佛、薄伽梵。

「『善男子！法離生性無來無去、不可施設，法離生性即是如來、應、正等覺，廣說乃至佛、薄伽梵。

「『善男子！諸法定性無來無去、不可施設，諸法定性即是如來、應、正等覺，廣說乃至佛、薄伽梵。

「『善男子！諸法住性無來無去、不可施設，諸法住性即是如來、應、正等覺，廣說乃至佛、薄伽梵。

「『善男子！諸法實際無來無去、不可施設，諸法實際即是如來、應、正等覺，廣說乃至佛、薄伽梵。

「『善男子！法虛空界無來無去、不可施設，法虛空界即是如來、應、正等覺，廣說乃至佛、薄伽梵。

「『善男子！不思議界無來無去、不可施設，不思議界即是如來、應、正等覺，廣說乃至佛、薄伽梵。

「『善男子！法無生性無來無去、不可施設，法無生性即是如來、應、正等覺，廣說乃至佛、薄伽梵。

「『善男子！法無滅性無來無去、不可施設，法無滅性即是如來、應、正等覺，廣說乃至佛、薄伽梵。

「『善男子！法如實性無來無去、不可施設，法如實性即是如來、應、正等覺，廣說乃至佛、薄伽梵。

「『善男子！法遠離性無來無去、不可施設，法遠離性即是如來、應、正等覺，廣說乃至佛、薄伽梵。

「『善男子！法寂靜性無來無去、不可施設，法寂靜性即是如來、應、正等覺，廣說乃至佛、薄伽梵。

「『善男子！無染淨界無來無去、不可施設，無染淨界即是如來、應、正等覺，廣說乃至佛、薄伽梵。

「『善男子！諸法空性無來無去、不可施設，諸法空性即是如來、應、正等覺，廣說乃至佛、薄伽梵。

「『善男子！一切如來、應、正等覺，廣說乃至佛、薄伽梵，非即諸法，非離諸法。

「『善男子！諸法真如，如來真如，一而非二。

「『善男子！諸法真如非合非散，唯有一相所謂無相。

「『善男子！諸法真如非一、非二、非三、非四，廣說乃至非百千等。何以故？善男子！諸法真如離數量故，非有性故。

「『復次，善男子！譬如有人熱際後分遊於曠野，日中渴乏見陽焰動，作是念言：「我於今時定當得水。」作是念已遂便往趣，所見陽焰漸去*甚遠，即奔逐之轉復見遠，種種方便求水不得。

「『善男子！於意云何？是焰中水從何山谷泉池中來？今何所去？為入東海？為入西海、南北海耶？』」

「常啼答言：『陽焰中水尚不可得，況當可說有所從來及有所至？』」

「法湧菩薩語常啼言：『如是！如是！如汝所說。如彼渴人愚癡無智為熱所逼，見動陽焰於無水中妄生水想，若謂如來、應、正等覺有來有去亦復如是，當知是人愚癡無智。何以故？善男子！一切如來、應、正等覺不可以色身見，夫如來者即是法身。善男子！如來法身即是諸法真如、法界，真如、法界既不可說有來有去，如來法身亦復如是無來無去。

「『復次，善男子！譬如幻師或彼弟子，幻作種種象軍、馬軍、車軍、步軍及牛羊等，經須臾頃忽然不現。善男子！於意云何？是幻所作從何而來？去何所至？』」

「常啼答言：『幻事非實，如何可說有來去處？』」

「法湧菩薩語常啼言：『如是！如是！如汝所說。若執幻事有來去者，當知彼人愚癡無智，若謂如來、應、正等覺有來有去亦復如是，當知是人愚癡無智。何以故？善男子！一切如來、應、正等覺不可以色身見，夫如來者即是法身。善男子！如來法身即是諸法真如、法界，真如、法界既不可說有來有去，如來法身亦復如是無來無去。

「『復次，善男子！如鏡等中有諸像現，如是諸像暫有還無。善男子！於意云何？是鏡等像為從何來？去何所至？』

「常啼答言：『諸像非實，如何可說有來有去？』

「法湧菩薩語常啼言：『如是！如是！如汝所說。若執諸像有來*去者，當知彼人愚癡無智，若謂如來、應、正等覺有來有去亦復如是，當知是人愚癡無智。何以故？善男子！一切如來、應、正等覺不可以色身見，夫如來者即是法身。善男子！如來法身即是諸法真如、法界，真如、法界既不可說有來有去，如來法身亦復如是無來無去。

「『復次，善男子！如谷等中有諸響現，如是諸響暫有還無。善男子！於意云何？是谷等響為從何來？去何所至？』

「常啼答言：『諸響非實，如何可說有來去處？』

「法湧菩薩語常啼言：『如是！如是！如汝所說。若執諸響有來去者，當知彼人愚癡無智，若謂如來、應、正等覺有來有去亦復如是，當知是人愚癡無智。何以故？善男子！一切如來、應、正等覺不可以色身見，夫如來者即是法身。善男子！如來法身即是諸法真如、法界，真如、法界既不可說有來有去，如來法身亦復如是無來無去。』」

大般若波羅蜜多經卷第三百九十九

大般若波羅蜜多經卷第四百

三藏法師玄奘奉　詔譯

初分法湧菩薩品第七十八之二

「『復次，善男子！譬如光影，種種形相現有動搖轉變差別。善男子！於意云何？如是光影為從何來？去何所至？』

「常啼答言：『光影非實，如何可說有來去處？』

「法湧菩薩語常啼言：『如是！如是！如汝所說。若執光影有來去者，當知彼人愚癡無智，若謂如來、應、正等覺有來有去亦復如是，當知是人愚癡無智。何以故？善男子！一切如來、應、正等覺不可以色身見，夫如來者即是法身。善男子！如來法身即是諸法真如、法界，真如、法界既不可說有來有去，如來法身亦復如是無來無去。

「『復次，善男子！如尋香城現有物類，如是物類暫有還無。善男子！於意云何？是尋香城所有物類為從何來？去何所至？』

「常啼答言：『是尋香城所有物類，皆非實有，如何可說有所從來、去有所至？』

「法湧菩薩*語常諦言：『如是！如是！如汝所說。執尋香城所有物類有來去者，當知彼人愚癡無智，若謂如來、應、正等覺有來有去亦復如是，當知是人愚癡無智。何以故？善男子！一切如來、應、正等覺不可以色身見，夫如來者即是法身。善男子！如來法身即是諸法真如、法界，真如、法界既不可說有來有去，如來法身亦復如是無來無去。

「『復次，善男子！如諸如來、應、正等覺所變化事暫有還無。善男子！於意云何？諸變化事為從何來？去何所至？』

「常啼答言：『諸變化事皆非實有，如何可說有所從來、去有所至？』

「法湧菩薩語常啼言：『如是！如是！如汝所說。執變化事有來去者，當知彼人愚癡無智，若謂如來、應、正等覺有來有去亦復如是，當知是人愚癡無智。何以故？善男子！一切如來、應、正等覺不可以色身見，夫如來者即是法身。善男子！如來法身即是諸法真如、法界，真如、法界既不可說有來有去，如來法身亦復如是無來無去。

「『復次，善男子！如人夢中見有諸佛，若一、若十、若百、若千乃至無數，彼夢覺已所見皆無。善男子！於意云何？夢所見佛為從何來？去何所至？』

「常啼答言：『夢中所見皆是虛妄、都非實有，如何可說有來去處？』

「法湧菩薩語常啼言：『如是！如是！如汝所說。執夢所見有來去者，當知彼人愚癡無智，若謂如來、應、正等覺有來有去亦復如是，當知是人愚癡無智。何以故？善男子！一切如來、應、正等覺不可以色身見，夫如來者即是法身。善男子！如來法身即是諸法真如、法界，真如、法界既不可說有來有去，如來法身亦復如是無來無去。

「『又，善男子！一切如來、應、正等覺說一切法，如夢所見，如變化事，如尋香城、光影、響、像、幻事、陽焰，皆非實有。若於如是諸佛所說甚深法義不如實知，執如來身是名是色、有來有去，當知彼人迷法性故，愚癡無智流轉諸趣受生死苦，遠離般若波羅蜜多，亦復遠離一切佛法。若於如是諸佛所說甚深法義能如實知，不執佛身是名是色，亦不謂佛有來有去，當知彼人於佛所說甚深法義如實解了，不執諸法有來有去、有生有滅、有染有淨。由不執故能行般若波羅蜜多，亦能勤修一切佛法，則為鄰近所求無上正等菩提，亦名如來真淨弟子，終不虛受國人信施，能與一切作良福田，應受世間人天供養。

「『復次，善男子！如大海中有諸珍寶，如是珍寶非十方來，亦非有情於中造作，亦非此寶無因緣生，然諸有情善根力故，令大海內有諸寶生。是寶生時，依因緣力和合故有，無所從來，是寶滅時，於十方面亦無所去，但由有情善根力盡令彼滅沒。所以者何？諸有為法，緣合故生，緣離故滅，於中都無生者滅者，是故諸法無來無去。諸如來身亦復如是，於十方面無所從來，亦非於中有造作者，亦不可說無因緣生，然依本修淨行圓滿為因緣故，及依有情先修見佛業成熟故，有如來身出現於世，佛身滅時，於十方面亦無所去，但由因緣和合力盡即便滅沒，是故諸佛無來無去。

「『復次，善男子！譬如箜篌，依止種種因緣和合而有聲生。是聲因緣，所謂槽、頸、繩、棍、絃等人功作意，如是一一不能生聲，要和合時其聲方起，是聲生位無所從來，於息滅時無所至去。善男子！諸如來身亦復如是，依止種種因緣而生。是身因緣，所謂無量福德智慧，及諸有情所修見佛善根成熟，如是一一不能生身，要和合時其身方起，是身生位無所從來，於滅沒時無所至去。善男子！汝於如來、應、正等覺無來去相應如是知，隨此道理於一切法無來去相亦如是知。

「『善男子！若於如來、應、正等覺及一切法，能如實知無來無去、無生無滅、無染無淨，定能修行甚深般若波羅蜜多善巧方便，必得無上正等菩提。』

「法湧菩薩摩訶薩為常啼菩薩摩訶薩，說諸如來、應、正等覺，廣說乃至佛、薄伽梵無來無去相時，令彼三千大千世界一切大地、諸山、大海及諸天宮六種變動，諸魔宮殿皆失威光，魔及魔軍皆悉驚怖。時，彼三千大千世界一切所有草木叢林生非時花，悉皆傾向法湧菩薩摩訶薩所，空中亦雨種種香花。

「時，天帝釋、四大天王及諸天衆，於虛空中即以種種天妙香花，奉散供養法湧菩薩摩訶薩已，復持種種天妙香花，奉散供養常啼菩薩，而作是言：『我因大士得聞如是勝義之教，一切世間住身見者，聞是法已能捨執著，皆悉住於難伏之地。』

「爾時，常啼菩薩摩訶薩白法湧菩薩摩訶薩言：『何因何緣，令此世界一切大地、諸山、大海六種變動，及現種種希有之相？』

「法湧菩薩告常啼言：『由我答汝所問如來、應、正等覺無來去相，於此會中八千衆生皆悉證得無生法忍，復有八十那庾多衆生皆發無上正等覺心，復有八萬四千衆生遠塵離垢，於諸法中生淨法眼。由是因緣，令此世界一切大地、諸山、大海六種變動，及現種種希有之相。』

「常啼菩薩聞是語已，踊躍歡喜作是念言：『我今已為獲大善利，謂因我問法湧菩薩，令諸有情，得聞如是甚深般若波羅蜜多，說諸如來、應、正等覺無來去相，令爾所衆獲大饒益。我由如是殊勝善根，足能成辦所求無上正等菩提。我於無上正等菩提，無復疑慮，我於來世定成如來、應、正等覺，利益安樂無量有情。』

「作是念已歡喜踊躍，上昇虛空七多羅樹。復作是念：『當以何等供養大師法湧菩薩，用酬為我說法之恩？』

「時，天帝釋知其所念，化作無量微妙香花，欲持施與常啼菩薩而作是言：『大士！今者哀愍我故，可受此花持以供養法湧菩薩。大士！應受我等供養，我今助成大士功德。所以者何？因大士故我等無量百千有情獲大饒益，謂必當證所求無上正等菩提。大士！當知諸有能為一切有情，經於無量無數大劫，受諸勤苦如大士者甚為難得，是故今應受我所施。』

「爾時，常啼菩薩摩訶薩受天帝釋微妙香花，奉散供養法湧菩薩摩訶薩已，從虛空下頂禮雙足，合掌恭敬白言：『大師！我從今日願以身命奉屬大師以充給使。』作是語已，法湧菩薩摩訶薩前合掌而住。

「時，長者女及諸眷屬，合掌恭敬白常啼言：『我等從今亦以身命奉屬供侍，願垂納受！以此善根願當獲得如是勝法同尊所證，願當來世恒親近尊，常隨從尊供養諸佛及諸菩薩，同修梵行。』

「常啼菩薩即報彼言：『汝等至誠隨屬我者當從我教，我當受汝。』

「長者女等白常啼言：『誠心屬尊，當隨尊教。』

「時，常啼菩薩即令長者女及諸眷屬，各以種種妙莊嚴具而自嚴飾，及持五百七寶妙車并諸供具，俱時奉上法湧菩薩白言：『大師！我以如是長者女等奉施大師，唯願慈悲為我納受。』

「時，天帝釋讚常啼言：『善哉！善哉！大士乃能如是捨施。諸菩薩摩訶薩法應捨施一切所有，若菩薩摩訶薩能學如是捨施一切，疾證無上正等菩提。若於法師能作如是恭敬供養無所悋者，決定得聞甚深般若波羅蜜多方便善巧。過去如來、應、正等覺精勤修學菩薩道時，亦為請問甚深般若波羅蜜多方便善巧捨諸所有，由斯已證所求無上正等菩提。』

「是時，法湧菩薩欲令常啼菩薩所種善根得圓滿故，受長者女及諸眷屬五百寶車并諸供具，受已還施常啼菩薩。

「法湧菩薩說法既久，日將欲沒，知衆疲倦，下師子座還入宮中。

「爾時，常啼菩薩摩訶薩既見法湧菩薩摩訶薩還入宮中，便作是念：『我為法故而來至此，未聞正法不應坐臥，我應唯住行立威儀，以待大師法湧菩薩當從宮出宣說法要。』

「法湧菩薩既入宮已，時經七年一心不亂，遊戲菩薩無量無數三摩地門，安住菩薩無量無數甚深般若波羅蜜多方便善巧。常啼菩薩於七歲中，不坐不臥，唯行唯立，不念睡眠，不想晝夜，不辭疲倦，不思飲食，不怖寒熱，不緣內外，曾不發起欲恚害*等及餘一切煩惱纏垢，但作是念：『法湧菩薩何時當從三摩地起？我等眷屬應敷法座，掃灑其地散諸香花，法湧菩薩當昇此座宣說般若波羅蜜多方便善巧及餘法要。』

「時，長者女及諸眷屬亦七歲中唯行唯立，*不捨所念皆學常啼，進止相隨曾無暫捨。

「爾時，常啼菩薩摩訶薩如是精勤過七歲已，欻然聞有空中聲言：『咄！善男子！却後七日，法湧菩薩當從定起，於此城中宣說正法。』

「常啼菩薩聞空聲已，踊躍歡喜作是念言：『我今當為法湧菩薩敷設嚴飾師子之座，掃灑其地散妙香花，令我大師當昇此座，為衆宣說甚深般若波羅蜜多方便善巧及餘法要。』

「常啼菩薩作是念已，與長者女及諸眷屬，敷設七寶師子之座。時，長者女及諸眷屬，各脫身上一淨妙衣，為說法師重敷座上。

「常啼菩薩既敷座已，求水灑地竟不能得。所以者何？惡魔隱蔽城內、外水皆令不現。魔作是念：『常啼菩薩求水不得，愁憂苦惱，疲倦羸劣，心或變異，便於無上正等菩提，善根不增、智慧不照，於一切智而有稽留，則不能空我之境界。』

「常啼菩薩種種方便求水不得，作是念言：『我應刺身出血灑地，勿令塵起坌我大師。今我此身必當敗壞，何用如是虛偽身為？我無始來流轉生死，數為五欲喪失身命，而未曾為正法捨身，是故今應刺身出血。』

「作是念已即執利刀，周遍刺身出血灑地。時，長者女及諸眷屬亦學常啼刺血灑地。常啼菩薩、長者女等各為法故刺身出血，乃至不起一念異心。

「時，諸惡魔不能得便，亦不能礙所修善品，以常啼等心勇決故。

「時，天帝釋見此事已，作是念言：『常啼菩薩、長者女等甚為希有，而由愛法、重法因緣，乃至遍體皆刺出血，為說法師周灑其地，曾不發起一念異心，令諸惡魔求不得便，亦不能礙所修善品。奇哉大士！乃能擐被如是堅固弘誓鎧甲，為欲利樂一切有情，以淳淨心不顧身命，求於無上正等菩提，恒發誓言：我為拔濟沈淪生死，一切有情無量無邊身心大苦，而求無上正等菩提，事若未成終無懈廢。』

「時，天帝釋作是念已，變常啼等所出身血一切皆成栴檀香水，令所灑地遶座四邊，面各滿百踰繕那量，皆有天上不可思議最勝甚奇栴檀香氣。

「時，天帝釋作是事已，讚常啼曰：『善哉！善哉！大士志願堅固難動，精進勇猛不可思議，愛重求法最為無上。過去如來、應、正等覺亦由如是堅固志願，勇猛精進愛重求法，修行菩薩清淨梵行，已證無上正等菩提。大士今者志願精進愛重求法，亦定當證所求無上正等菩提。』

「爾時，常啼復作是念：『我今已為法湧菩薩敷設七寶師子之座，掃灑其地令極香潔，云何當得諸妙香花，繞座四邊莊嚴其地，大師昇座將說法時，我等亦應持散供養？』

「時，天帝釋知其所念，即便化作微妙香花，如摩揭陀千斛之量，恭敬奉施常啼菩薩，令共眷屬持以供養。於是常啼受天帝釋所施花已分作二分，先持一分共諸眷屬繞座四邊嚴布其地，留餘一分以擬大師昇法座時當持奉散。

「爾時，法湧菩薩摩訶薩過七日已，從所遊戲三摩地門安庠而起，為說般若波羅蜜多，無量百千眷屬圍繞從內宮出，昇師子座處大衆中儼然而坐。常啼菩薩重得瞻仰法湧菩薩摩訶薩時，踊躍歡喜身心悅樂，譬如苾芻繫念一境忽然得入第三靜慮。便與眷屬持先所留微妙香花奉散供養，既供養已頂禮雙足，右繞三匝退坐一面。

「爾時，法湧菩薩摩訶薩告常啼菩薩摩訶薩言：『善男子！諦聽！諦聽！善思念之！吾當為汝宣說般若波羅蜜多。』

「常啼白言：『唯然！願說！我等樂聞！』

「法湧菩薩告常啼言：『善男子！一切法平等故，當知般若波羅蜜多亦平等。一切法遠離故，當知般若波羅蜜多亦遠離。一切法不動故，當知般若波羅蜜多亦不動。一切法無念故，當知般若波羅蜜多亦無念。一切法無畏故，當知般若波羅蜜多亦無畏。一切法無懼故，當知般若波羅蜜多亦無懼。一切法一味故，當知般若波羅蜜多亦一味。一切法無際故，當知般若波羅蜜多亦無際。一切法無生故，當知般若波羅蜜多亦無生。一切法無滅故，當知般若波羅蜜多亦無滅。太虛空無邊故，當知般若波羅蜜多亦無邊。大海水無邊故，當知般若波羅蜜多亦無邊。妙高山無邊故，當知般若波羅蜜多亦無邊。妙高山嚴好故，當知般若波羅蜜多亦嚴好。如太虛空無分別故，當知般若波羅蜜多亦無分別。

「『善男子！色無邊故，當知般若波羅蜜多亦無邊；受、想、行、識無邊故，當知般若波羅蜜多亦無邊。眼處無邊故，當知般若波羅蜜多亦無邊；耳、鼻、舌、身、意處無邊故，當知般若波羅蜜多亦無邊。色處無邊故，當知般若波羅蜜多亦無邊；聲、香、味、觸、法處無邊故，當知般若波羅蜜多亦無邊。眼界無邊故，當知般若波羅蜜多亦無邊；耳、鼻、舌、身、意界無邊故，當知般若波羅蜜多亦無邊。色界無邊故，當知般若波羅蜜多亦無邊；聲、香、味、觸、法界無邊故，當知般若波羅蜜多亦無邊。眼識界無邊故，當知般若波羅蜜多亦無邊；耳、鼻、舌、身、意識界無邊故，當知般若波羅蜜多亦無邊。眼觸無邊故，當知般若波羅蜜多亦無邊；耳、鼻、舌、身、意觸無邊故，當知般若波羅蜜多亦無邊。眼觸為緣所生諸受無邊故，當知般若波羅蜜多亦無邊；耳、鼻、舌、身、意觸為緣所生諸受無邊故，當知般若波羅蜜多亦無邊。地界無邊故，當知般若波羅蜜多亦無邊；水、火、風、空、識界無邊故，當知般若波羅蜜多亦無邊。因緣無邊故，當知般若波羅蜜多亦無邊；等無間緣、所緣緣、增上緣無邊故，當知般若波羅蜜多亦無邊。從緣所生諸法無邊故，當知般若波羅蜜多亦無邊。無明無邊故，當知般若波羅蜜多亦無邊；行、識、名色、六處、觸、受、愛、取、有、生、老死愁歎苦憂惱無邊故，當知般若波羅蜜多亦無邊。

「『善男子！布施波羅蜜多無邊故，當知般若波羅蜜多亦無邊；淨戒、安忍、精進、靜慮、方便善巧、妙願、力、智波羅蜜多無邊故，當知般若波羅蜜多亦無邊。內空無邊故，當知般若波羅蜜多亦無邊；外空、內外空、空空、大空、勝義空、有為空、無為空、畢竟空、無際空、散空、無變異空、本性空、自相空、共相空、一切法空、不可得空、無性空、自性空、無性自性空無邊故，當知般若波羅蜜多亦無邊。真如無邊故，當知般若波羅蜜多亦無邊；法界、法性、不虛妄性、不變異性、平等性、離生性、法定、法住、實際、虛空界、不思議界無邊故，當知般若波羅蜜多亦無邊。四念住無邊故，當知般若波羅蜜多亦無邊；四正斷、四神足、五根、五力、七等覺支、八聖道支無邊故，當知般若波羅蜜多亦無邊。苦聖諦無邊故，當知般若波羅蜜多亦無邊；集、滅、道聖諦無邊故，當知般若波羅蜜多亦無邊。十善業道無邊故，當知般若波羅蜜多亦無邊；施、戒、修無邊故，當知般若波羅蜜多亦無邊。四靜慮無邊故，當知般若波羅蜜多亦無邊；四無量、四無色定無邊故，當知般若波羅蜜多亦無邊。八解脫無邊故，當知般若波羅蜜多亦無邊；八勝處、九次第定、十遍處無邊故，當知般若波羅蜜多亦無邊。空解脫門無邊故，當知般若波羅蜜多亦無邊；無相、無願解脫門無邊故，當知般若波羅蜜多亦無邊。陀羅尼門無邊故，當知般若波羅蜜多亦無邊；三摩地門無邊故，當知般若波羅蜜多亦無邊。菩薩十地無邊故，當知般若波羅蜜多亦無邊。

「『善男子！五眼無邊故，當知般若波羅蜜多亦無邊；六神通無邊故，當知般若波羅蜜多亦無邊。佛十力無邊故，當知般若波羅蜜多亦無邊；四無所畏、四無礙解、大慈、大悲、大喜、大捨、十八佛不共法無邊故，當知般若波羅蜜多亦無邊。無忘失法無邊故，當知般若波羅蜜多亦無邊；恒住捨性無邊故，當知般若波羅蜜多亦無邊。一切智無邊故，當知般若波羅蜜多亦無邊；道相智、一切相智無邊故，當知般若波羅蜜多亦無邊。三十二大士相無邊故，當知般若波羅蜜多亦無邊；八十隨好無邊故，當知般若波羅蜜多亦無邊。預流果無邊故，當知般若波羅蜜多亦無邊；一來、不還、阿羅漢果、獨覺菩提無邊故，當知般若波羅蜜多亦無邊。一切菩薩摩訶薩行無邊故，當知般若波羅蜜多亦無邊；諸佛無上正等菩提無邊故，當知般若波羅蜜多亦無邊。一切有漏法無邊故，當知般若波羅蜜多亦無邊；一切無漏法無邊故，當知般若波羅蜜多亦無邊。一切有為法無邊故，當知般若波羅蜜多亦無邊；一切無為法無邊故，當知般若波羅蜜多亦無邊。金剛喻平等故，當知般若波羅蜜多亦平等。一切法無壞故，當知般若波羅蜜多亦無壞；一切法無雜故，當知般若波羅蜜多亦無雜；一切法無差別故，當知般若波羅蜜多亦無差別。諸法自性不可得故，當知般若波羅蜜多自性亦不可得；諸法無所有平等故，當知般若波羅蜜多無所有亦平等；諸法無所作故，當知般若波羅蜜多亦無所作；諸法不可思議故，當知般若波羅蜜多亦不可思議。』

「爾時，常啼菩薩摩訶薩聞說般若波羅蜜多差別句義，即於座前得六十億三摩地門，所謂諸法平等三摩地、諸法遠離三摩地、諸法不動三摩地、諸法無念三摩地、諸法無畏三摩地、諸法無懼三摩地、諸法一味三摩地、諸法無際三摩地、諸法無生三摩地、諸法無滅三摩地、虛空無邊三摩地、大海無邊三摩地、妙高山無邊三摩地、妙高山嚴好三摩地、如虛空無分別三摩地、色等諸蘊無邊三摩地、眼等諸處無邊三摩地、色等諸處無邊三摩地、眼等諸界無邊三摩地、色等諸界無邊三摩地、眼識等諸界無邊三摩地、眼觸等無邊三摩地、眼觸為緣所生諸受等無邊三摩地、地界等無邊三摩地、因緣等無邊三摩地、從緣所生諸法無邊三摩地、諸緣起支無邊三摩地、諸波羅蜜多無邊三摩地、一切空無邊三摩地、諸法真如等無邊三摩地、菩提分法無邊三摩地、諸聖諦無邊三摩地、諸善業道無邊三摩地、施戒修無邊三摩地、靜慮無量無色無邊三摩地、解脫勝處等至遍處無邊三摩地、空無相無願解脫門無邊三摩地、總持等持門無邊三摩地、菩薩諸地無邊三摩地、五眼六神通無邊三摩地、諸力無畏無礙解大慈悲喜捨佛不共法無邊三摩地、無忘失法恒住捨性無邊三摩地、一切智道相智一切相智無邊三摩地、諸相隨好無邊三摩地、聲聞乘無邊三摩地、獨覺乘無邊三摩地、無上乘無邊三摩地、有漏無漏法無邊三摩地、有為無為法無邊三摩地、金剛喻平等三摩地、諸法無壞三摩地、諸法無雜三摩地、諸法無差別三摩地、諸法自性不可得三摩地、諸法無所有平等三摩地、諸法無所作三摩地、諸法不可思議三摩地，得如是等六十百千三摩地門。

「常啼菩薩既得如是六十百千三摩地門，即時現見東西南北、四維上下各如殑伽沙數三千大千世界現在如來、應、正等覺，聲聞、菩薩、大衆圍繞，以如是名、如是句、如是字、如是理趣，為諸菩薩摩訶薩衆宣說般若波羅蜜多，如我今者於此三千大千世界，聲聞、菩薩、大衆圍繞，以如是名、如是句、如是字、如是理趣，為諸菩薩摩訶薩衆宣說般若波羅蜜多等無差別。

「常啼菩薩從是已後，多聞智慧不可思議猶如大海，隨所生處恒見諸佛，常生諸佛淨妙國土，乃至夢中亦常見佛為說般若波羅蜜多，親近供養曾無暫捨，離無暇法，具足有暇。

初分結勸品第七十九

「善現！當知由是理趣甚深般若波羅蜜多威德殊勝，令諸菩薩速能引得一切智智。是故，善現！若菩薩摩訶薩欲學六種波羅蜜多令速圓滿，欲具通達諸佛境界，欲得諸佛自在神通，欲疾證得一切智智，欲能畢竟利益安樂一切有情，應學如是甚深般若波羅蜜多，應於如是甚深般若波羅蜜多，恭敬聽聞、受持讀誦、究竟通利、如說修行、如理思惟甚深義趣、書寫流布、為他解說，應以種種上妙花鬘、塗散等香、衣服、瓔珞、寶幢、幡蓋、伎樂、燈明，及餘種種珍奇雜物，供養恭敬、尊重讚歎。所以者何？由此所說甚深般若波羅蜜多，是諸如來、應、正等覺真生養母，是諸菩薩摩訶薩衆真軌範師，一切如來、應、正等覺咸共尊重恭敬讚歎，一切菩薩摩訶薩衆無不供養精勤修學，是為如來真實教誡。」

爾時，佛告阿難陀言：「汝於如來有愛敬不？」

阿難陀曰：「如是！世尊！如是！善逝！我於佛所實有愛敬，如來自知。」

佛告慶喜：「如是！如是！汝於我所實有愛敬，汝從昔來常以慈善身、語、意業恭敬供養，隨侍於我未曾違失。慶喜！汝應如我現在以實愛敬供養我身，我涅槃後汝亦當用如是愛敬供養尊重甚深般若波羅蜜多，第二、第三佛以如是甚深般若波羅蜜多教誡慶喜，令深愛敬供養尊重過如來身。」

*復告慶喜：「我以如是甚深般若波羅蜜多，對今大眾付囑於汝，汝應受持。我涅槃後，乃至一字勿令忘失。如是般若波羅蜜多，隨爾所時流布於世，當知即有諸佛世尊現住世間為眾說法。慶喜！當知若有於此甚深般若波羅蜜多，恭敬聽聞、受持讀誦、究竟通利、如說修行、如理思惟甚深義趣、書寫流布、為他解說，復以種種上妙花鬘、塗散等香、衣服、瓔珞、寶幢、幡蓋、伎樂、燈明及餘種種珍奇雜物，供養恭敬、尊重讚歎，當知是人常見諸佛恒聞正法修諸梵行。」

時，薄伽梵說是經已，無量菩薩摩訶薩眾，慈氏菩薩而為上首，大迦葉波及舍利子、阿難陀等諸大聲聞，及餘天、龍、人非人等一切大衆，聞佛所說，皆大歡喜，信受奉行。

大般若波羅蜜多經卷第四百

摩訶般若波羅蜜經

薩陀波崙品

法尚品　囑累品

摩訶般若波羅蜜經卷第二十七

後秦龜茲國三藏鳩摩羅什譯

*薩陀波崙☆品第八十八

佛告須菩提：「菩薩摩訶薩求般若波羅蜜，應如薩陀波崙菩薩摩訶薩。是菩薩今在大雷音佛所行菩薩道。」

須菩提白佛言：「世尊！薩陀波崙菩薩摩訶薩云何求般若波羅蜜？」

佛言：「薩陀波崙菩薩摩訶薩本求般若波羅蜜時，不惜身命，不求名利，於空閑林中，聞空中聲言：『汝善男子！從是東行莫念疲極，莫念睡眠，莫念飲食，莫念晝夜，莫念寒熱，莫念內，莫念外。善男子！行時莫觀左右，汝行時莫壞身相，莫壞色相，莫壞受、想、行、識相。何以故？若壞是諸相，於佛法中則為有礙。若於佛法中有礙，便往來五道生死中，亦不能得般若波羅蜜。』

「爾時，薩陀波崙菩薩報空中*聲言：『我當從教。何以故？我欲為一切眾生作大明，欲集一切諸佛法，欲得阿耨多羅三藐三菩提故。』

「薩陀波崙菩薩復聞空中聲言：『善哉！善哉！善男子！汝於空、無相、無作之法應生信心，以離相心求般若波羅蜜，離我相乃至離知者見者相，當遠離惡知識，當親近供養善知識。何等是善知識？能說空、無相、無作、無生無滅法及一切種智，令人心入歡喜信樂，是為善知識。善男子！汝若如是行不久當聞般若波羅蜜，若從經卷中聞，若從菩薩所說聞。善男子！汝所從聞是般若波羅蜜處應生心如佛想。善男子！汝當知恩，應作是念：「所從聞是般若波羅蜜者，即是我善知識。我用聞是法故，疾得不退轉於阿耨多羅三藐三菩提，親近諸佛，常生有佛國土中，遠離眾難，得具足無難處。」

「『善男子！當思惟籌量是功德，於所從聞法處，生心如佛想。汝善男子！

莫以世利心故隨逐法師，但為愛法恭敬法故，隨逐說法菩薩。爾時，當覺知魔事，若惡魔與說法菩薩作五欲因緣，假為法故令受。若說法菩薩入實法明以功德力故受，而無所染；又以三事故受是五欲，以方便力故，欲令眾生種善根故，欲與眾生同其事故受。汝於是中莫生污心，當起淨想，自念：「我未得漚和拘舍羅，大師以方便法為度眾生令獲福德故，受是諸欲。於菩薩智慧無著無礙，不為欲染。」

「『善男子！即當觀諸法實相。何等諸法實相？所謂一切法不垢不淨。何以故？一切法自性空，無眾生無人無我；一切法如幻如夢、如響如影、如焰如化。善男子！觀是諸法實相已，當隨法師，汝不久當成就般若波羅蜜。

「『復次，善男子！汝當復覺知魔事，若說法菩薩見欲受般若波羅蜜人，意不存念，汝不應起心怨恨。汝但當以法故，生恭敬心，莫起厭懈意，常應隨逐法師。』

「爾時，薩陀波崙菩薩受是空中教已從是東行，不久復作是念：『我云何不問空中聲：我當何處去？去當遠近？當從誰聞般若波羅蜜？』是時，即住啼哭憂愁作是念：『我住是中過一日一夜、若二三四五六七日七夜，於此中住，不念疲極，乃至不念飢渴寒熱，不聞聽受般若波羅蜜因緣終不起也。』須菩提！譬如人有一子卒死，憂愁苦毒，唯懷*懊惱不生餘念。如是，須菩提！薩陀波崙菩薩爾時無有異心，但念：『我何時當聞般若波羅蜜？我云何不問空中聲：我應何處去？去當遠近？當從誰聞般若波羅蜜？』

「須菩提！薩陀波崙菩薩如是愁念時，空中有佛語薩陀波崙菩薩言：『善哉！善哉！善男子！過去諸佛行菩薩道時，求般若波羅蜜亦如汝今日。善男子！汝以是勤精進愛樂法故，從是東行，去此五百由旬，有城名眾香；其城七重七寶莊嚴，臺觀欄楯皆以七寶校飾，七寶之塹七寶行樹周匝七重；其城縱廣十二由旬，豐樂安靜人民熾盛，五百市里街巷相當，端嚴如畫，橋津如地，寬博清淨。七重城上皆有七寶樓櫓，寶樹行列以黃金、白銀、硨磲、碼碯、珊瑚、琉璃、頗梨、紅色真珠以為枝葉，寶繩連綿金為鈴網以覆城上，風吹鈴聲其音和雅，譬如巧作五樂甚可喜樂，金網寶鈴其音如是以樂眾生。

「『其城四邊流池清淨冷暖調適，中有諸船七寶嚴飾，是諸眾生宿業所致，乘此寶船娛樂遊戲；諸池水中，種種蓮華青黃赤白，眾雜好華遍覆水上，是三千大千*世界☆所有眾華皆在其中。其城四邊有五百園觀，七寶莊嚴甚可愛樂。一一園中各有五百池水，池水各各縱廣十里，皆以七寶校成雜色莊嚴，諸池水中亦有青黃赤白蓮華彌覆水上，是諸蓮華大如車輪，青色青光、黃色黃光、赤色赤光、白色白光；諸池水中鳧鴈鴛鴦，異類眾鳥音聲相和。是諸園觀適無所屬，是諸眾生宿業果報，長夜信樂深法，行般若波羅蜜因緣故受是果報。

「『善男子！是眾香城中有大高臺，曇無竭菩薩摩訶薩宮舍在上。其宮縱廣一由旬，皆以七寶校成，雜色莊嚴甚可憙樂；垣牆七重皆亦七寶，七寶欄楯七寶樓閣；寶塹七重皆以七寶周匝，深塹七寶累成，七重行樹七寶枝葉七重圍繞。其宮舍中有四種娛樂園：一名常喜，二名離憂，三名華飾，四名香飾。一一園中各有八池：一名賢，二名賢上，三名歡喜，四名喜上，五名安隱，六名多安隱，七名遠離，八名阿惟越致。諸池四邊面各一寶，黃金、白銀、琉璃、頗梨；玫瑰為池底，其上布金沙；一一池側有八梯陛，種種妙寶以為嚴飾，諸梯陛間有閻浮檀金芭蕉行樹。一切池中種種蓮華青黃赤白彌覆水上，諸池四邊生好華樹，風吹諸華墮池水中，其池成就八種功德，香若栴檀，色味具足輕且柔軟。

「『曇無竭菩薩與六萬八千婇女五欲具足共相娛樂，及城中男女俱入常喜等園賢等池中，五欲具足共相娛樂。善男子！曇無竭菩薩與諸婇女遊戲娛樂已，日三時說般若波羅蜜。眾香城中男女大小，於其城中多聚人處敷大法座，其座四足或以黃金、或以白銀、或以琉璃、或以頗梨，敷以綩綖雜色茵褥，垂諸幃帶以妙白氎而覆其上，散以種種雜妙華香；座高五里，張白珠帳，其地四邊散五色華，燒眾名香，澤香塗地，供養恭敬般若波羅蜜故。曇無竭菩薩於此座上說般若波羅蜜，彼諸人眾如是恭敬供養曇無竭，為聞般若波羅蜜故。於是大會百千萬眾諸天世人一處和集，中有聽者、中有受者、中有持者、中有誦者、中有書者、中有正觀者、中有如說行者。是時，眾生以是因緣故皆不墮惡道，不退轉於阿耨多羅三藐三菩提。

「『汝善男子！往詣曇無竭菩薩所，當聞般若波羅蜜。善男子！曇無竭菩薩世世是汝善知識，能教汝阿耨多羅三藐三菩提示教利喜。曇無竭菩薩本求般若波羅蜜時，亦如汝今。汝去莫計晝夜，莫生障礙心，汝不久當聞般若波羅蜜。』

「爾時，薩陀波崙菩薩摩訶薩歡喜心悅，作是念：『我當何時得見是善男子得聞般若波羅蜜？』須菩提！譬如有人為毒箭所中更無餘念，唯念何時當得良醫，拔出毒箭，除我此苦？如是，須菩提！薩陀波崙菩薩摩訶薩更無餘念，但作是願：『我何時當得見曇無竭菩薩，令我得聞般若波羅蜜，我聞是般若波羅蜜斷諸有心？』

「是時，薩陀波崙菩薩於是處住念曇無竭菩薩，一切法中得無礙智見，即得無量三昧門現在前，所謂：諸法性觀三昧、諸法性不可得三昧、破諸法無明三昧、諸法不異三昧、諸法不壞自在三昧、諸法能照明三昧、諸法離暗三昧、諸法無異相續三昧、諸法不可得三昧、散華三昧、諸法無我三昧、如幻威勢三昧、得如鏡像三昧、得一切眾生語言三昧、一切眾生歡喜三昧、入分別音聲三昧、得種種語言字句莊嚴三昧、無畏三昧、性常默然三昧、得無礙解脫三昧、離塵垢三昧、名字語句莊嚴三昧、見諸法三昧、諸法無礙頂三昧、如虛空三昧、如金剛三昧、不畏著色三昧、得勝三昧、轉眼三昧、畢法性三昧、能與安隱三昧、師子吼三昧、勝一切眾生三昧、華莊嚴三昧、斷疑三昧、隨一切堅固三昧、出諸法得神通力無畏三昧、能達諸法三昧、諸法財印三昧、諸法無分別見三昧、離諸見三昧、離一切闇三昧、離一切相三昧、解脫一切著三昧、除一切懈怠三昧、得深法明三昧、不可奪三昧、破魔三昧、不著三界三昧、起光明三昧、見諸佛三昧。

「如是薩陀波崙菩薩住是諸三昧中，即見十方無量阿僧祇諸佛，為諸菩薩摩訶薩說般若波羅蜜。是時，十方諸佛安慰薩陀波崙菩薩言：『善哉！善哉！善男子！我等本行菩薩道時，求般若波羅蜜，得是諸三昧，亦如汝今所得。我等得是諸三昧，善入般若波羅蜜，成就方便力，住阿惟越致地。我等觀是諸三昧性，不見有法出三昧入三昧者，亦不見行佛道者，亦不見得阿耨多羅三藐三菩提者。善男子！是名般若波羅蜜，所謂不念有是諸法。善男子！我等於無所念法中住，得是金色身丈光明、三十二相、八十隨形好、不可思議智慧、無上戒、無上三昧、佛無上智慧，一切功德皆悉具足。一切功德具足故，佛尚不能取相說盡，何況聲聞、辟支佛及諸餘人！以是故，善男子！於是佛法中倍應恭敬愛念，生清淨心。於善知識中應生如佛想。何以故？為善知識守護故，菩薩疾得阿耨多羅三藐三菩提。』

「是時，薩陀波崙菩薩白十方諸佛言：『何等是我善知識所應親近供養者？』

「十方諸佛告薩陀波崙菩薩言：『汝善男子！曇無竭菩薩世世教化、成就汝阿耨多羅三藐三菩提；曇無竭菩薩守護汝，教汝般若波羅蜜方便力，是汝善知識。汝供養曇無竭菩薩，若一劫、若二、若三乃至過百劫頂戴恭敬，以一切樂具、三千世界中所有妙色、聲、香、味、觸，盡以供養，未能報須臾之恩。何以故？曇無竭菩薩摩訶薩因緣故，令汝得如是等諸三昧，得般若波羅蜜方便力。』諸佛如是教化安慰薩陀波崙菩薩令歡喜已，忽然不現。

「是時，薩陀波崙菩薩從三昧起不復見佛，作是念：『是諸佛從何所來，去至何所？不見諸佛故，復惆悵不樂，誰斷我疑！』復作是念：『曇無竭菩薩久遠已來常行般若波羅蜜，得方便力及得諸陀羅尼，於菩薩法中得自在，多供養過去諸佛，世世為我師，常利益我。我當問曇無竭菩薩：「諸佛從何所來，去至何處？」』

「爾時，薩陀波崙菩薩於曇無竭菩薩生恭敬、愛樂、尊重心，作是念：『我當以何供養曇無竭菩薩？今我貧窮，無華香、瓔珞、燒香、澤香、衣服、幡蓋、金銀、真珠、琉璃、頗梨、珊瑚、琥珀，無有如是等物可以供養般若波羅蜜及說法師曇無竭菩薩。我法不應空往曇無竭菩薩所，我若空往喜悅心不生。我當賣身得財，為般若波羅蜜故，供養法師曇無竭菩薩。何以故？我世世喪身無數，無始生死中或死、或賣、或為欲因緣故世世在地獄中受無量苦惱；未曾為清淨法故、為供養說法師故喪身。』

「是時，薩陀波崙菩薩中道入一大城，至市肆上高聲唱言：『誰欲須人？誰欲須人？誰欲買人？』

「爾時，惡魔作是念：『是薩陀波崙愛法故欲自賣身，為般若波羅蜜故，供養曇無竭菩薩，當得正問般若波羅蜜及方便力：云何菩薩摩訶薩行般若波羅蜜疾得阿耨多羅三藐三菩提？當得多聞具足如大海水，是時不可沮壞，得具足一切功德，饒益諸菩薩摩訶薩。為阿耨多羅三藐三菩提故過我境界，亦教餘人出我境界，得阿耨多羅三藐三菩提。我今當壞其事。』爾時，惡魔隱蔽諸婆羅門、居士，令不聞其自賣之聲，除一長者女魔不能蔽。

「爾時，薩陀波崙賣身不售，憂愁啼哭在一面立，涕泣而言：『我為大罪，賣身不售。我自賣身為般若波羅蜜故，供養曇無竭菩薩。』

「爾時，釋提桓因作是念：『是薩陀波崙菩薩愛法自賣其身，為般若波羅蜜故欲供養曇無竭菩薩。我當試之，知是善男子實以深心愛法故，捨是身不？』是時，釋提桓因化作婆羅門身，在薩陀波崙菩薩邊行，問言：『汝善男子！何以憂愁啼哭，顏色憔悴在一面立？』答言：『婆羅門！我愛敬法自賣身，為般若波羅蜜故，欲供養曇無竭菩薩。今我賣身無有買者；自念薄福無財寶物，自欲賣身供養般若波羅蜜及曇無竭菩薩，而無買者。』爾時，婆羅門語薩陀波崙菩薩言：『

善男子！我不須人；我今欲*祠天，當須人心、人血、人髓。汝能賣與我不？』

爾時，薩陀波崙菩薩作是念：『我得大利、得第一利，我今便為具足般若波羅蜜方便力，得是買心髓血者。』是時，心大歡喜悅樂無憂，以柔和心語婆羅門言：『汝所須者，我盡與汝。』婆羅門言：『善男子！汝須何價？』答言：『隨汝意與我。』即時，薩陀波崙右手執利刀，刺左臂出血，割右髀肉，復欲破骨出髓。

「時，有一長者女在閣上，遙見薩陀波崙菩薩自割身體不惜壽命，作是念：『是善男子以何因緣故困苦其身？我當往問。』長者女即下閣到薩陀波崙所，問言：『善男子！何因緣困苦其身，用是心血髓作何等？』薩陀波崙答言：『賣與婆羅門，為般若波羅蜜故，供養曇無竭菩薩。』長者女言：『善男子！作是賣身欲自出心髓血，欲供養曇無竭菩薩得何等功德利？』薩陀波崙答言：『善女人！是人善學般若波羅蜜及方便力，是人當為我說菩薩所應作、菩薩所行道。我學是法，學是道，得阿耨多羅三藐三菩提時，為眾生作依止，當得金色身、三十二相、八十隨形好、丈光無量明、大慈、大悲、大喜、大捨、四無所畏、佛十力、四無礙智、十八不共法、六神通、不可思議清淨戒、禪定、智慧，得阿耨多羅三藐三菩提，於諸法中得*一切無礙智見，以無上法寶分布與一切衆生。如是等諸功德利，我當從彼得之。』

「是時，長者女聞是上妙佛法大歡喜，心驚毛豎，語薩陀波崙菩薩言：『善男子！甚希有！汝所說者微妙難值，為是一一功德法故，應捨如恒河沙等身。何以故？汝所說者甚大微妙。汝善男子！汝今所須盡當相與，金銀、真珠、琉璃、頗梨、琥珀、珊瑚等、諸珍寶物，及華香、瓔珞、塗香、燒香、幡蓋、衣服、伎樂等物供養之具，供養般若波羅蜜及曇無竭菩薩。汝善男子！莫自困苦其身。我亦欲往曇無竭菩薩所，共汝殖諸善根，為得如是微妙法如汝所說故。』

「爾時，釋提桓因即復本身，讚薩陀波崙菩薩言：『善哉！善哉！善男子！汝堅受是事，其心不動。諸過去佛行菩薩道時，亦如是求般若波羅蜜及方便力，得阿耨多羅三藐三菩提。善男子！我實不用人心、血、髓，但來相試。汝願何等我當相與。』薩陀波崙言：『與我阿耨多羅三藐三菩提。』釋提桓因言：『此非我力所辦，是諸佛境界。必相供養，更索餘願。』薩陀波崙言：『汝若於此無力，必見供養，令我是身平復如故。』是時，薩陀波崙身即平復，無有瘡瘢如本不異。釋提桓因與其願已忽然不現。爾時，長者女語薩陀波崙菩薩言：『善男子！來到我舍，有所須者，從我父母索之，盡當相與。我亦當辭我父母，與諸侍從共汝往供養曇無竭菩薩，為求法故。』

「即時，薩陀波崙菩薩與長者女俱到其舍，在門外住，長者女入白父母：『與我衆妙華香及諸瓔珞、塗香、燒香、幡蓋、衣服、金銀、琉璃、頗梨、真珠、琥珀、珊瑚及諸伎樂供養之具；亦聽我身及五百侍女先所給使，共薩陀波崙菩薩到曇無竭菩薩所，為供養般若波羅蜜故。曇無竭菩薩當為我等說法，我當如說行，當得諸佛法。』

「女父母語女言：『薩陀波崙菩薩是何等人？』女言：『是人今在門外，是善男子以深心求阿耨多羅三藐三菩提，欲度一切衆生無量生死苦。是善男子為法故自賣其身供養般若波羅蜜，般若波羅蜜名菩薩所學道；為供養般若波羅蜜及供養曇無竭菩薩故，在市肆上高聲唱言：「誰欲須人？誰欲須人？誰欲買人？」賣身不售，在一面立，憂愁啼哭。是時，釋提桓因化作婆羅門來欲試之，問言：「善男子！何以憂愁啼哭在一面立？」答言：「婆羅門！我欲賣身為供養般若波羅蜜及曇無竭菩薩摩訶薩故，而我薄福賣身不售。」婆羅門語是善男子：「我不須人，我欲*祠天，當用人心、人血、人髓，汝能賣不？」是時，是善男子不復憂愁，其心和悅語是婆羅門：「如汝之所須，我盡相與。」婆羅門言：「汝須何價？」答言：「隨汝意與我。」即時，是善男子右手執利刀刺左臂出血，割右髀肉，復欲破骨出髓。我在閣上遙見是事，我爾時作是念：「是人何故困苦其身，我當往問。」我即下閣往問：「善男子？汝何因緣故自困苦其身？」是善男子答我言：「姊！我為法故欲供養般若波羅蜜及曇無竭菩薩說法者，我貧窮無所有，無金銀、琉璃、硨磲、碼碯、珊瑚、琥珀、頗梨、真珠、華香、伎樂。姊！我為供養法故自賣其身，今得買者須人心、人血、人髓，我用是價供養般若波羅蜜及曇無竭菩薩說法者。」我問是善男子：「汝今自出身心血髓，欲供養曇無竭菩薩得何功德？」是善男子言：「曇無竭菩薩當為我說般若波羅蜜及方便力，此是菩薩所應學，菩薩所應作，菩薩所應行道，我當學是道得阿耨多羅三藐三菩提，為一切衆生作依止；我當得金色身、三十二相、八十隨形好、丈光無量明、大慈、大悲、大喜、大捨、四無所畏、四無礙智、佛十力、十八不共法、六神通、不可思議清淨戒、禪定、智慧，得阿耨多羅三藐三菩提，於諸法中得*一切無礙☆智見，以無上法寶分布與一切衆生；如是等微妙大法，我當從彼得之。」我聞是微妙不可思議法諸佛功德，聞其大願，我心歡喜作是念：「是清淨微妙*大願☆甚希有！乃如是為一一法故應捨如恒河沙等身。今善男子為法能受苦行難事，所謂不惜身命；我多有妙寶，云何而不生願求如是法，供養般若波羅蜜及曇無竭菩薩！」我如是思惟已，語薩陀波崙菩薩：「汝善男子！莫困苦其身，我當白我父母，多與汝金銀、琉璃、硨磲、瑪瑙、珊瑚、琥珀、頗梨、真珠、華香、瓔珞、塗香、末香、衣服、幡蓋及諸伎樂，供養般若波羅蜜及曇無竭菩薩說法者；我亦求父母與諸侍女，共汝俱去供養曇無竭菩薩說法者，共汝殖諸善根，為得如是等微妙清淨法如汝所說。」父母今聽我并五百侍女先所給者，亦聽我持衆妙華香、瓔珞、塗香、末香、衣服、幡蓋、伎樂、金銀、琉璃供養之具，與薩陀波崙菩薩，共去供養般若波羅蜜及曇無竭菩薩說法者，為得如是等清淨微妙諸佛法故。』

「爾時，父母報女言：『汝所讚者希有難及說！是善男子為法精進大樂法相，及是諸佛法不可思議，一切世間最為第一，一切衆生歡樂因緣。是善男子為是法故大誓莊嚴。我等聽汝往見曇無竭菩薩親近供養，汝發大心為*得佛法☆故如是精進，我等云何當不隨喜！』是女為供養曇無竭菩薩故，得蒙聽許，報父母言：『我等亦隨是心歡喜，我終不斷人善法因緣。』

「是時，長者女莊嚴七寶，車五百乘身及侍女，種種寶物裝飾供養之具，持種種水陸生華及金銀、寶華、衆色寶衣、好香、擣香、澤香、瓔珞及衆味飲食，共薩陀波崙菩薩五百侍女各載一車，恭敬圍繞漸漸東去。見衆香城七寶莊嚴，七重圍繞七寶之塹，七寶行樹皆亦七重。其城縱廣十二由旬，豐樂安靜甚可憙樂，人民熾盛，五百市里街巷相當，端嚴如畫，橋津如地寬博清淨。

「遙見衆香城，既入城中，見曇無竭菩薩坐高臺法座上，無量百千萬億衆恭敬圍繞說法。薩陀波崙菩薩見曇無竭菩薩時，心即歡喜，譬如比丘入第三禪攝心安隱，見已作是念：『我等儀不應載車趣曇無竭菩薩。』作是念已下車步進，長者女並五百侍女皆亦下車。薩陀波崙菩薩與長者女及五百侍女，衆寶莊嚴圍繞恭敬，俱到曇無竭菩薩所。

「爾時，曇無竭菩薩摩訶薩有七寶臺，赤牛頭栴檀以為莊嚴，真珠羅網以覆臺上，四角皆懸摩尼珠寶以為燈明，及四寶香爐常燒名香，為供養般若波羅蜜故。其臺中有七寶大床，四寶小床重敷其上，以黃金牒書般若波羅蜜置小床上，種種幡蓋莊嚴垂覆其上。

「薩陀波崙菩薩及諸女人，見是妙臺衆寶嚴飾，及見釋提桓因與無量百千萬諸天以天曼陀羅華、碎末栴檀、磨衆寶屑以散臺上，鼓天伎樂於虛空中娛樂此臺。爾時，薩陀波崙菩薩問釋提桓因：『憍尸迦！何因緣故與無量百千萬諸天以天曼陀羅華、碎末栴檀、磨衆寶屑以散臺上，鼓天伎樂於虛空中娛樂此臺？』釋提桓因答言：『汝善男子不知耶？此是摩訶般若波羅蜜，是諸菩薩摩訶薩母，能生諸佛，攝持菩薩。菩薩學是般若波羅蜜，成就一切諸功德，得諸佛法一切種智。』

「是時，薩陀波崙即歡喜悅樂，問釋提桓因言：『憍尸迦！是般若波羅蜜諸菩薩摩訶薩母，能生諸佛，攝持菩薩，菩薩學是般若波羅蜜，成就一切功德，得諸佛法一切種智，今在何處？』釋提桓因言：『善男子！是臺中有七寶大床，四寶小床重敷其上，以黃金牒書般若波羅蜜置小床上；曇無竭菩薩以七寶印印之，我等不能得開以示汝。』

「是時，薩陀波崙與長者女及五百侍女，取供養具華香、瓔珞、幡蓋，分作二分，一分供養般若波羅蜜，一分供養法座上曇無竭菩薩。爾時，薩陀波崙菩薩與五百女人，持華香、瓔珞、幡蓋、伎樂及諸珍寶，供養般若波羅蜜已，然後到曇無竭菩薩所；到已，見曇無竭菩薩在法座上坐，以諸華香、瓔珞、擣香、澤香、金銀、寶華、幡蓋、寶衣，散曇無竭菩薩上，為法故供養。是時諸華香、寶衣於曇無竭菩薩上虛空中，化成華臺，碎末栴檀、寶屑、金銀、寶華化成寶帳，寶帳之上所散種種寶衣化為寶蓋，寶蓋四邊垂諸寶幡。

「薩陀波崙及諸女人見曇無竭菩薩所作變化，大歡喜作是念：『未曾有也！曇無竭大師神德乃爾！行菩薩道時神通力尚能如是，何況得阿耨多羅三藐三菩提時！』

「是時，長者女及五百女人清淨信心，敬重曇無竭菩薩，皆發阿耨多羅三藐三菩提心，作是願言：如曇無竭菩薩得菩薩諸深法，如曇無竭菩薩供養般若波羅蜜，如曇無竭菩薩於大眾中演說顯示般若波羅蜜義，如曇無竭菩薩得般若波羅蜜方便力，成就神通於菩薩事中得自在，我等亦當如是。

「是時，薩陀波崙菩薩及五百女人，香華寶物供養般若波羅蜜及曇無竭菩薩已，頭面禮曇無竭菩薩，合掌恭敬一面立，一面立已白曇無竭菩薩言：『我本求般若波羅蜜時，於空閑林中聞空中聲言：「善男子！汝從是東行當得聞般若波羅蜜。」我受是語東行，東行不久作是念：「我何不問空中聲，我當何處去？去是遠近？當從誰聞？」我是時大憂愁啼哭，於是處住七日七夜，憂愁故乃至不念飲食，但念我何時當得聞般若波羅蜜，我如是憂愁一心念般若波羅蜜，見佛身在虛空中語我言：「善男子！汝大欲大精進心莫放捨，以是大欲大精進心，從是東行去是五百由旬，有城名衆香，是中有菩薩摩訶薩名曇無竭，從是人所當得聞般若波羅蜜；是曇無竭菩薩世世是汝善知識，常守護汝。」我從佛受教誨已，便東行更無餘念，但念我何時當見曇無竭菩薩，為我說般若波羅蜜。我爾時中道住，於一切法中得無礙智見，得觀諸法性等諸三昧現在前，住是三昧已見十方無量阿僧祇諸佛說是般若波羅蜜。諸佛讚我言：「善哉！善哉！善男子！我本求般若波羅蜜時，得諸三昧亦如汝今日，得是諸三昧已遍得諸佛法。」諸佛為我廣說法，安慰我已忽然不現。我從三昧起作是念：「諸佛從何處來，去至何所？」我不見諸佛故大愁憂，復作是念：「曇無竭菩薩供養先佛殖善根，久行般若波羅蜜，善知方便力，於菩薩道中得自在，是我善知識、守護我，我當問曇無竭菩薩是事：諸佛從何所來？去至何所？」我今問大師，是諸佛從何處來，去至何處？大師為我說諸佛所從來、所至處，令我得知，知已亦常不離見諸佛。』

摩訶般若波羅蜜經法尚品第八十九 丹本曇無竭品

「爾時，曇無竭菩薩摩訶薩語薩陀波崙菩薩言：『善男子！諸佛無所從來，去亦無所至。何以故？諸法如不動相，諸法如即是佛。善男子！無生法無來無去，無生法即是佛；無滅法無來無去，無滅法即是佛。實際法無來無去，實際法即是佛；空無來無去，空即是佛。善男子！無染無來無去，無染即是佛；寂滅無來無去，寂滅即是佛；虛空性無來無去，虛空性即是佛。善男子！離是諸法更無佛；諸佛如，諸法如，一如無分別。善男子！是如常一無二無三，出諸數法無所有故。譬如春末月日中熱時，有人見焰動逐之，求水望得。於汝意云何？是水從何池、何山、何泉來？今何所去？若入東海、西海、南海、北海耶？』

「薩陀波崙言：『大師！焰中尚無水，云何當有來處去處？』

「曇無竭菩薩語薩陀波崙菩薩言：『善男子！愚夫無智為熱渴所逼，見焰動無水生水想。善男子！若有人分別諸佛有來有去，當知是人皆是愚夫。何以故？

善男子！諸佛不可以色身見。諸佛法身無來無去，諸佛來處去處亦如是。善男子！譬如幻師幻作種種若象、若馬、若牛、若羊、若男、若女，如是等種種諸物。於汝意云何？是幻事從何處來，去至何所？』

「薩陀波崙菩薩言：『大師！幻事無實，云何當有來處去處？』

「『善男子！是人分別佛有來有去亦如是。善男子！譬如夢中見若象、若馬、若牛、若羊、若男、若女。於汝意云何？夢中所見有來處有去處不？』

「薩陀波崙言：『大師！是夢中所見虛妄，云何當有來去？』

「『善男子！是人分別佛有來有去亦如是。善男子！佛說諸法如夢。若有眾生不知諸法如夢，以名字色身是佛，是人分別諸佛有來有去，不知諸法實相故，皆是愚夫無智之數。是諸人數數往來五道，遠離般若波羅蜜，遠離諸佛法。善男子！佛說諸法如幻如夢，若有眾生如實知，是人不分別諸法若來若去、若生若滅；若不分別諸法若來若去、若生若滅，則能知佛所說諸法實相。是人行般若波羅蜜近阿耨多羅三藐三菩提，名為真佛弟子，不虛妄食人信施，是人應受供養，為世間福田。

「『善男子！譬如大海水中諸寶，不從東方來，不從南方、西方、北方、四維上下來；眾生善根因緣故海生此寶，此寶亦不無因無緣而生，是寶皆從因緣和合生。是寶若滅亦不去至十方，諸緣合故有，諸緣離故滅。善男子！諸佛身亦如是，從本業因緣果報生，生時不從十方來，滅時亦不去至十方，但諸緣合故有，諸緣離故滅。

「『善男子！譬如箜篌聲，出時無來處，滅時無去處，眾緣和合故生；有槽、有頸、有皮、有弦、有柱、有棍，有人以手鼓之，眾緣和合而有是聲。是聲亦不從槽出、不從頸出、不從皮出、不從弦出、不從棍出，亦不從人手出，眾緣和合爾乃有聲，是因緣離時亦無去處。善男子！諸佛身亦如是，從無量功德因緣生，不從一因一緣一功德生，亦不無因緣有，眾緣和合故有；諸佛身不獨從一事成，來無所從、去無所至。

「『善男子！應當如是知諸佛來相、去相。善男子！亦當知一切法無來去相，汝若知諸佛及諸法無來無去、無生無滅相，必得阿耨多羅三藐三菩提，亦能行般若波羅蜜及方便力。』

「爾時，釋提桓因以天曼陀羅華與薩陀波崙菩薩摩訶薩作是言：『善男子！以是華供養曇無竭菩薩摩訶薩。我應當守護供養汝。所以者何？汝因緣力故，今日饒益百千萬億衆生，便為得阿耨多羅三藐三菩提。善男子！如是善人甚為難遇，為饒益一切衆生故，無量阿僧祇劫受諸勤苦。』

「薩陀波崙菩薩摩訶薩受釋提桓因曼陀羅華，散曇無竭菩薩上白言：『大師！我從今日以身屬師供給供養。』如是白已，合掌師前立。是時，長者女及五百侍女白薩陀波崙菩薩言：『我等從今日亦以身屬師，我等以是善根因緣故，當得如是法亦如師所得，共師世世供養諸佛，世世常供養師。』是時，薩陀波崙菩薩語長者女及五百女人：『若汝等以誠心屬我者，我當受汝。』諸女言：『我等以誠心屬師，當隨師教。』

「是時，薩陀波崙菩薩與長者女及五百女人，并諸莊飾寶物上妙供具，及五百乘七寶車，奉上曇無竭菩薩白言：『大師！我持是五百女人奉給大師，是五百乘車隨師所用。』

「爾時，釋提桓因讚薩陀波崙菩薩言：『善哉！善哉！善男子！菩薩摩訶薩捨一切所有應如是；如是布施疾得阿耨多羅三藐三菩提，作如是供養說法人必得聞般若波羅蜜及方便力。過去諸佛本行菩薩道時，亦如是住布施中，得聞般若波羅蜜及方便力，得阿耨多羅三藐三菩提。』

「爾時，曇無竭菩薩欲令薩陀波崙菩薩善根具足故，受五百乘車、長者女及五百侍女，受已還與薩陀波崙菩薩。

「是時，曇無竭菩薩說法日沒起入宮中，薩陀波崙菩薩摩訶薩作是念：『我為法故來不應坐臥，當以二儀若行、若立，以待法師從宮中出說法。』

「爾時，曇無竭菩薩七歲一心入無量阿僧祇菩薩三昧，及行般若波羅蜜方便力，薩陀波崙菩薩七歲經行住立，不坐不臥，無有睡眠，無欲、恚惱，心不著味，但念曇無竭菩薩摩訶薩何時當從三昧起出而說法。薩陀波崙菩薩過七歲已，作是念：『我當為曇無竭菩薩摩訶薩敷說法座，曇無竭菩薩摩訶薩當座上說法。我當灑掃清淨，散種種華莊嚴是處，為曇無竭菩薩摩訶薩當說般若波羅蜜及方便力故。』

「是時，薩陀波崙菩薩與長者女及五百侍女，為曇無竭菩薩摩訶薩敷七寶床，五百女人各脫上衣以敷座上，作是念：『曇無竭菩薩摩訶薩當坐此座上，說般若波羅蜜及方便力。』

「薩陀波崙菩薩敷座已，求水灑地而不能得。所以者何？惡魔隱蔽令水不現，魔作是念：『薩陀波崙菩薩求水不得，於阿耨多羅三藐三菩提乃至生一念劣心異心，則智慧不照，善根不增，於一切智而有稽留。』

「爾時，薩陀波崙菩薩作是念：『我當自刺其身，以血灑地，令無塵土來坌大師。我何用此身？此身必當破壞，我從無始生死以來數數喪身未曾為法。』即以利刀自刺出血灑地，薩陀波崙菩薩及長者女并五百侍女皆無異心。惡魔亦不能得便。

「是時，釋提桓因作是念：『未曾有也！薩陀波崙菩薩愛法乃爾！以刀自刺出血灑地，薩陀波崙及衆女人心不動轉，惡魔波旬不能壞其善根；其心堅固發大莊嚴，不惜身命，以深心欲求阿耨多羅三藐三菩提，當度一切衆生無量生死苦。』釋提桓因讚薩陀波崙菩薩言：『善哉！善哉！善男子！汝精進力大堅固難動不可思議，汝愛法、求法最為無上！善男子！過去諸佛亦如是以深心愛法、惜法、重法，集諸功德，得阿耨多羅三藐三菩提。』

「薩陀波崙菩薩作是念：『我為曇無竭菩薩摩訶薩敷法座，掃灑清淨已訖，當於何處得好名華莊嚴此地？若曇無竭菩薩摩訶薩法座上坐說法時，亦當散華供養。』釋提桓因知薩陀波崙菩薩心所念，即以三千石天曼陀羅華與薩陀波崙，薩陀波崙受華*已，以半散地，留半待曇無竭菩薩摩訶薩坐法座上說法時當供養。

「爾時，曇無竭菩薩摩訶薩過七歲已，從諸三昧起，為說般若波羅蜜故，與無量百千萬衆恭敬圍繞往法座上坐。薩陀波崙菩薩摩訶薩見曇無竭菩薩摩訶薩時，心得悅樂，譬如比丘入第三禪。爾時，薩陀波崙菩薩摩訶薩及長者女并五百侍女，到曇無竭菩薩摩訶薩所，散天曼陀羅華，頭面禮畢退坐一面。

「曇無竭菩薩見其坐已，告薩陀波崙菩薩言：『善男子！諦聽！諦受！今當為汝說般若波羅蜜相。善男子！諸法等故，當知般若波羅蜜亦等；諸法離故，當知般若波羅蜜亦離；諸法不動故，當知般若波羅蜜亦不動；諸法無念故，當知般若波羅蜜亦無念；諸法無畏故，當知般若波羅蜜亦無畏；諸法一味故，當知般若波羅蜜亦一味；諸法無邊故，當知般若波羅蜜亦無邊；諸法無生故，當知般若波羅蜜亦無生；諸法無滅故，當知般若波羅蜜亦無滅；虛空無邊故，當知般若波羅蜜亦無邊；大海水無邊故，當知般若波羅蜜亦無邊；須彌山莊嚴故，當知般若波羅蜜亦莊嚴；虛空無分別故，當知般若波羅蜜亦無分別；色無邊故，當知般若波羅蜜亦無邊，受、想、行、識無邊故，當知般若波羅蜜亦無邊；地種無邊故，當知般若波羅蜜亦無邊，水種、火種、風種無邊故，當知般若波羅蜜亦無邊；空種無邊故，當知般若波羅蜜亦無邊；如金剛等故，當知般若波羅蜜亦等；諸法無分別故，當知般若波羅蜜亦無分別；諸法性不可得故，當知般若波羅蜜性亦不可得；諸法無所有等故，當知般若波羅蜜亦無所有等；諸法無作故，當知般若波羅蜜亦無作；諸法不可思議故，當知般若波羅蜜亦不可思議。』

「是時，薩陀波崙菩薩摩訶薩即於坐處得諸三昧。所謂：諸法等三昧、諸法離三昧、不動三昧、無念三昧、諸法無畏三昧、諸法一味三昧、諸法無邊三昧、諸法無生三昧、諸法無滅三昧、虛空無邊三昧、大海水無邊三昧、須彌山莊嚴三昧、虛空無分別三昧、色無邊三昧、受想行識無邊三昧、地種無邊三昧、水種火種風種空種無邊三昧、如金剛等三昧、諸法無分別三昧、諸法不可思議三昧，如是等得六百萬諸三昧門。」

爾時，佛告須菩提：「如我今於三千大千世界中與諸比丘僧圍繞，以是相、以是像貌、以是名字說般若波羅蜜；薩陀波崙得是六百萬三昧門，見東方、南西北方、四維上下，如恒河沙等三千大千世界中，諸佛與諸比丘恭敬圍繞，以如是相、如是像貌、如是名字，說是摩訶般若波羅蜜亦如是。薩陀波崙菩薩從是以後，多聞智慧不可思議，如大海水；常不離諸佛，生於有佛國中，乃至夢中未曾不見佛時。一切衆難皆悉已斷，在所佛國隨願往生。須菩提！當知是般若波羅蜜因緣，能成就菩薩摩訶薩一切功德，得一切種智。以是故，須菩提！諸菩薩摩訶薩若欲學六波羅蜜，欲深入諸佛智慧，欲得一切種智，應受持般若波羅蜜，讀誦、正憶念、廣為他人說，亦書寫經卷、供養、尊重、讚歎，香華乃至伎樂。何以故？般若波羅蜜是過去、未來、現在十方諸佛母，十方諸佛所尊重故。」

摩訶般若波羅蜜經囑累品第九十

爾時，佛告阿難：「於汝意云何？佛是汝大師不？汝是佛弟子不？」

阿難言：「世尊！佛是我大師，修伽陀是我大師，我是佛弟子！」

佛言：「如是！如是！我是汝大師，汝是我弟子。若如弟子所應作者，汝已作竟。阿難！汝用身口意慈業供養供給我，亦常如我意無有違失。阿難！我身現在汝愛敬、供養、供給心常清淨，我滅度後是一切愛敬、供養、供給事，當愛敬供養般若波羅蜜，乃至第二第三以般若波羅蜜囑累汝。阿難！汝莫忘失、莫作最後斷種人。阿難！隨爾所時，般若波羅蜜在世，當知爾所時有佛在世說法。阿難！若有書般若波羅蜜，受持讀誦、正憶念、為人廣說，恭敬、尊重、讚歎，華香、幡蓋、寶衣、燈燭種種供養，當知是人不離見佛，不離聞法，為常親近佛。」

佛說般若波羅蜜已，彌勒等諸菩薩摩訶薩、慧命須菩提、慧命舍利弗、大目揵連、摩訶迦葉、富樓那彌多羅尼子、摩訶拘絺羅、大迦旃延、阿難等，并一切大衆及一切世間諸天人、揵闥婆、阿修羅等，聞佛所說，皆大歡喜。

摩訶般若波羅蜜經卷第二十七

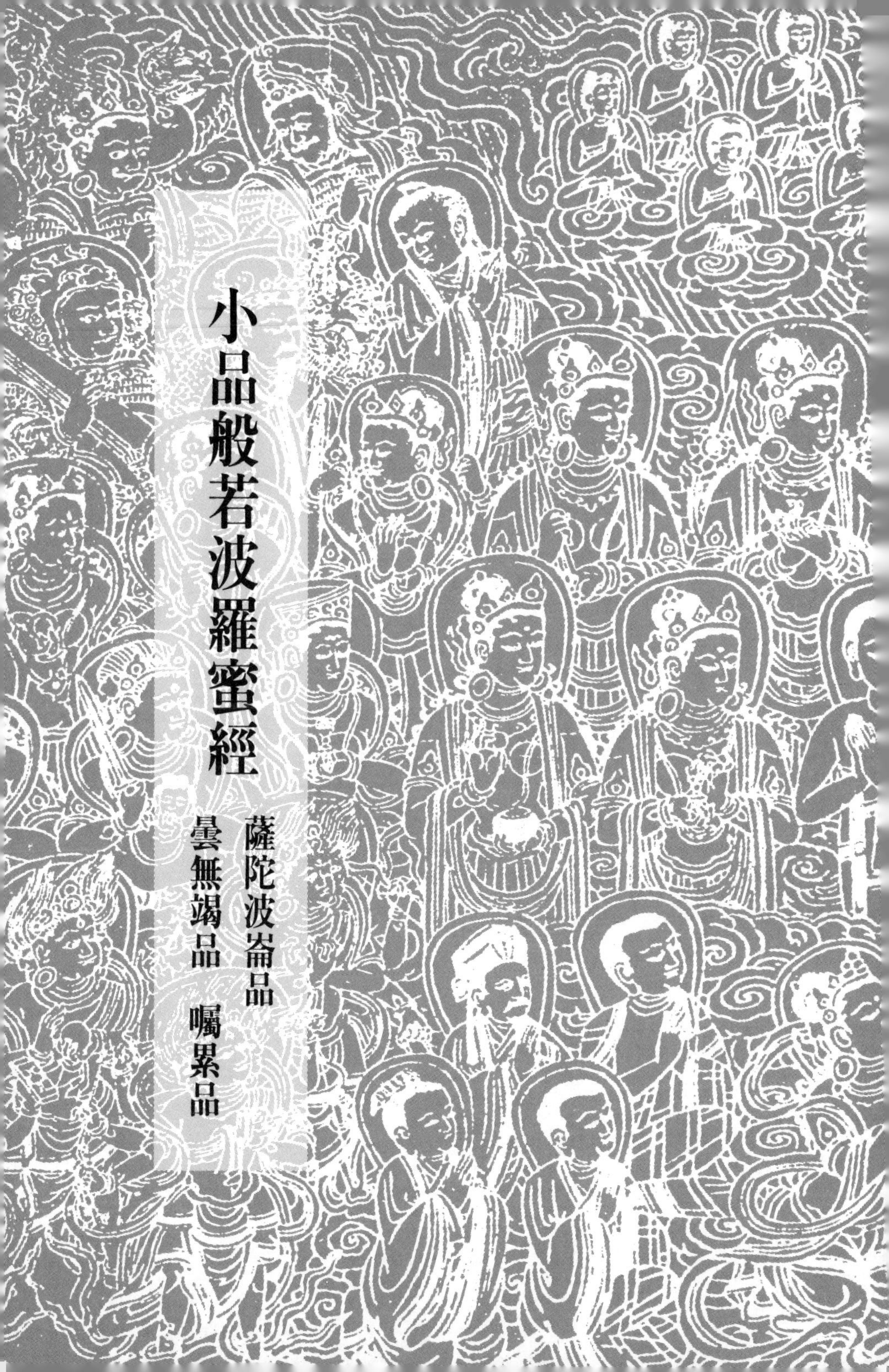

小品般若波羅蜜經

薩陀波崙品

曇無竭品　囑累品

小品般若波羅蜜經卷第十

後秦龜茲國三藏鳩摩羅什譯

薩陀波崙品第二十七

佛告須菩提：「若菩薩欲求般若波羅蜜，當如薩陀波崙菩薩，今在雷音威王佛所行菩薩道。」

須菩提白佛言：「世尊！薩陀波崙菩薩云何求般若波羅蜜？」

佛告須菩提：「薩陀波崙菩薩本求般若波羅蜜時，不依世事，不惜身命，不貪利養，於空林中聞空中聲言：『善男子！汝從是東行當得聞般若波羅蜜，行時莫念疲倦，莫念睡眠，莫念飲食，莫念晝夜，莫念寒熱；如是諸事，莫念莫觀，亦莫思惟，離諂曲心，莫自高身，卑下他人，當離一切眾生之相，當離一切利養名譽，當離五蓋，當離慳嫉，亦莫分別內法、外法，行時莫得左右顧視，莫念前，莫念後，莫念上，莫念下，莫念四維；莫動色、受、想、行、識。何以故？若動色、受、想、行、識，則不行佛法，行於生死；如是之人，不能得般若波羅蜜。』

「薩陀波崙報空中聲言：『當如教行。何以故？我為一切眾生作光明故集諸佛法。』

「空中聲言：『善哉！善哉！善男子！汝應信解空、無相、無作法，應離諸相，離於有見，離眾生見、人見、我見求般若波羅蜜。善男子！應離惡知識，親近善知識，善知識者能說空、無相、無作、無生無滅法。善男子！汝能如是，不久得聞般若波羅蜜。若從經卷聞，若從法師聞。善男子！汝所從聞般若波羅蜜，當於是人生大師想，當知報恩，應作是念：我所從聞般若波羅蜜則是我善知識，我得聞般若波羅蜜當不退於阿耨多羅三藐三菩提，不離諸佛，不生無佛世界，得離諸難。思惟如是功德利故，於法師所生大師想。善男子！莫以世俗財利心故隨逐法師，當以愛重恭敬法故隨逐法師。又，善男子！應覺魔事，惡魔或時為說法者作諸因緣，令受好妙色、聲、香、味、觸；說法者以方便力故受是五欲，汝於此中莫生不淨之心，應作念言：我不知方便之力，法師或為利益衆生令種善根故受用是法，諸菩薩者無所障礙。善男子！汝於爾時應觀諸法實相。何等是諸法實相？佛說一切法無垢。何以故？一切法性空，一切法無我、無衆生，一切法如幻、如夢、如響、如影、如炎。善男子！汝若如是觀諸法實相隨逐法師，不久當善知般若波羅蜜。又，善男子！復應覺知魔事，若法師於求般若波羅蜜者，心有嫌恨而不顧錄，汝於此中不應憂惱，但以愛重恭敬法心隨逐法師，勿生厭離。』

「須菩提！薩陀波崙菩薩受虛空中如是教已，即便東行。東行不久，復作是念：『我向者云何不問空中聲東行遠近？當從誰聞般若波羅蜜？』即住不行，憂愁啼哭，作是念言：『我住於此若一日、二日乃至七日，不念疲極，不念睡眠，不念飲食，不念晝夜，不念寒熱，要當得知我從誰聞般若波羅蜜。』須菩提！譬如有人唯有一子，愛之甚重，一旦命終，甚大憂惱，唯懷憂惱，無有餘念。須菩提！薩陀波崙亦如是，無有餘念，但念我當何時得聞般若波羅蜜。

「須菩提！薩陀波崙菩薩如是憂愁啼哭，時佛像在前立，讚言：『善哉！善哉！善男子！過去諸佛本行菩薩道時，求般若波羅蜜亦如汝今。是故，善男子！汝以是勤行精進、愛樂法故，從是東行去此五百由旬，有城名眾香，七寶合成，其城七重，縱廣十二由旬，皆以七寶多羅之樹周遍圍遶，豐樂安靜，人民熾盛，街巷相當端嚴如畫，橋津如地寬博清淨，七重城上皆以閻浮檀金而為樓閣，一一樓閣七寶行樹種種寶果，其諸樓閣次第皆以寶繩連綿，寶鈴羅網以覆城上，風吹鈴聲，其音和雅，如作五樂，甚可愛樂，以是音聲娛樂眾生；其城四邊流池清淨，冷煖調適，中有諸船七寶嚴飾，是諸眾生宿業所致，娛樂遊戲諸池水中，種種蓮華青黃赤白，眾雜好華，香色具足遍滿其上，三千大千世界所有好華悉皆具有；其城四邊有五百園觀，七寶莊嚴，甚可愛樂；一一園中有五百池水，池水各各縱廣十里，皆以七寶雜色莊嚴。諸池水中皆有青黃赤白蓮花，大如車輪，彌覆水上，青色青光，黃色黃光，赤色赤光，白色白光；諸池水中皆有鳧鴈、鴛鴦異類眾鳥，是諸園觀池沼適無所屬，皆是眾生宿業果報，長夜信樂深法，行般若波羅蜜福德所致。

「『善男子！眾香城中有大高臺，曇無竭菩薩宮舍在上，其宮縱廣各五十里，皆以七寶校成，雜色莊嚴，其墻七重皆亦七寶，七寶行樹周匝圍遶，其宮舍中有四*園觀常所娛樂：一名常喜，二名無憂，三名華飾，四名香飾；一一園中有八池水：一名為賢，二名賢上，三名歡喜，四名喜上，五名安隱，六名多安隱，七名必定，八名阿毘跋致，諸池水邊面各*七寶，黃金、白銀、琉璢、頗梨、玫瑰為底，金沙布上，一一池側有八梯陛，種種寶物以為梯橙，諸陛、陛間有閻浮檀金芭蕉之樹，諸池水中，皆有青黃赤白蓮花遍覆*水上。鳧鴈、鴛鴦、孔雀、眾鳥鳴聲相和，甚可愛樂，諸池水邊皆生花樹香樹，風吹香華墮池水中，其池成就八功德水，香若栴檀，色味具足。曇無竭菩薩與六萬八千婇女，五欲具足，共相娛樂，及城中男女俱入常喜等園，賢等池中，共相娛樂。善男子！曇無竭菩薩與諸婇女遊戲娛樂已，日日三時說般若波羅蜜！眾香城中男女大小，為曇無竭菩薩於其城內多聚人處敷大法座，其座四足，或以黃金或以白銀，或以琉璃或以頗梨，敷以綩綖雜色茵蓐，以迦尸白氎而覆其上，座高五里，施諸幃帳，其地四邊散五色華，燒眾名香，供養法故；曇無竭菩薩於此座上說般若波羅蜜。

「『善男子！彼諸人眾如是供養恭敬曇無竭菩薩，為聞般若波羅蜜故；於是大會，百千萬眾諸天世人一處集會，中有聽者，中有受者，中有持者，中有誦者，中有書者，中有正觀者，中有如說行者；是諸眾生已度惡道，皆不退轉於阿耨多羅三藐三菩提。善男子！汝從是去，當於曇無竭菩薩所聞般若波羅蜜，曇無竭菩薩世世是汝善知識，示教利喜汝阿耨多羅三藐三菩提。善男子！曇無竭菩薩本行菩薩道時，求般若波羅蜜亦如汝今。今汝東行，莫計晝夜，不久當得聞般若波羅蜜。』」

「薩陀波崙菩薩心大歡喜，譬如有人為毒箭所中，更無餘念，唯念何時當得良醫，拔出毒箭，除我此苦？如是薩陀波崙菩薩無有餘念，但念何時得見曇無竭菩薩為我說般若波羅蜜？我聞般若波羅蜜斷諸有見。爾時，薩陀波崙即於住處一切法中，生無決定想，入諸三昧門，所謂：諸法性觀三昧、諸法不可得三昧、破諸法無明三昧、諸法不異三昧、諸法不壞三昧、諸法照明三昧、諸法離闇三昧、諸法不相續三昧、諸法性不可得三昧、散華三昧、不受諸身三昧、離幻三昧、如鏡像三昧、一切衆生語言三昧、一切衆生歡喜三昧、隨一切善三昧、種種語言字句莊嚴三昧、無畏三昧、性常默然三昧、無礙解脫三昧、離塵垢三昧、名字語言莊嚴三昧、一切見三昧、一切無礙際三昧、如虛空三昧、如金剛三昧、無負三昧、得勝三昧、轉眼三昧、畢法性三昧、得安隱三昧、師子吼三昧、勝一切衆生三昧、離垢三昧、無垢淨三昧、華莊嚴三昧、隨堅實三昧、出諸法得力無畏三昧、通達諸法三昧、壞一切法印三昧、無差別見三昧、離一切見三昧、離一切闇三昧、離一切相三昧、離一切著三昧、離一切懈怠三昧、深法照明三昧、善高三昧、不可奪三昧、破魔三昧、生光明三昧、見諸佛三昧。

「薩陀波崙菩薩住是諸三昧中，即見十方諸佛為諸菩薩說般若波羅蜜，諸佛各各安慰讚言：『善哉！善哉！善男子！我等本行菩薩道時求般若波羅蜜，亦如汝今得是諸三昧，亦如汝今得是諸三昧已，了達般若波羅蜜，住阿毘跋致地；我等得是諸三昧故得阿耨多羅三藐三菩提。善男子！是為般若波羅蜜，所謂於諸法無所念，我等住於無念法中，得如是金色之身、三十二相、大光明、不可思議智慧，諸佛無上三昧、無上智慧，盡諸功德邊，如是功德諸佛說之猶不能盡，況聲聞、辟支佛！是故，善男子！汝於是法倍應恭敬愛重，生清淨心，得阿耨多羅三藐三菩提不足為難；汝於善知識應深恭敬愛重信樂。善男子！若菩薩為善知識所護念者，疾得阿耨多羅三藐三菩提。』

「薩陀波崙菩薩白諸佛言：『何等是我善知識？』

「諸佛答言：『善男子！曇無竭菩薩世世教誨成就汝於阿耨多羅三藐三菩提，令汝得學般若波羅蜜方便之力，曇無竭菩薩是汝善知識，汝應報恩。善男子！汝若於一劫，若二劫、三劫乃至百劫若過百劫頂戴恭敬，以一切樂具而供養之，若以三千大千世界妙好色、聲、香、味、觸盡以供養，亦未能報須臾之恩。何以故？以曇無竭菩薩因緣力故令汝得如是諸深三昧及聞般若波羅蜜方便。』

「諸佛如是教授安慰薩陀波崙菩薩已，忽然不現。薩陀波崙菩薩從三昧起，不見諸佛，作是念：『是諸佛向從何來？今至何所？』不見佛故即大憂愁，作是念：『曇無竭菩薩已得陀羅尼、諸神通力，已曾供養過去諸佛，世世為我善知識，常利益我，我至曇無竭菩薩所，當問諸佛從何所來？去至何所？』

「爾時，薩陀波崙菩薩於曇無竭菩薩益加愛重，恭敬信樂，作如是念：『我今貧窮，無有華香、瓔珞、燒香、塗香、衣服、幡蓋、金銀、真珠、頗梨、珊瑚，無有如是諸物可以供養曇無竭菩薩，我今不應空往曇無竭菩薩所，我若空往心則不安，當自賣身以求財物，為般若波羅蜜故供養曇無竭菩薩。何以故？我世世已來喪身無數，於無始生死中，為欲因緣故在於地獄受無量苦，未曾為是清淨之法。』

「是時，薩陀波崙菩薩中道入一大城至市肆上，高聲唱言：『誰欲須人？誰欲須人？』

「爾時，惡魔作是念：『薩陀波崙菩薩為愛法故，欲自賣身以供養曇無竭菩薩，為聞般若波羅蜜方便：云何菩薩行般若波羅蜜疾得阿耨多羅三藐三菩提？亦得多聞如大海水，不為諸魔所壞，能盡一切諸功德邊，於此利益無量衆生。是諸衆生出我境界，得阿耨多羅三藐三菩提。我今當往壞其道意。』即時，惡魔隱蔽諸人，乃至不令一人得聞唱聲，唯一長者女，魔不能蔽，薩陀波崙菩薩賣身不售，在一處立，流淚而言：『我為大罪故，欲自賣身供養曇無竭菩薩，為聞般若波羅蜜，而無買者。』

「爾時釋提桓因作是念：『我今當試是善男子實以深心為愛法故，捨是身不？』即化作婆羅門，在薩陀波崙菩薩邊行，問言：『善男子！汝今何故憂愁啼哭？』薩陀波崙言：『我*今貧窮無有財寶，欲自賣身供養曇無竭菩薩，為聞般若波羅蜜，而無買者。』婆羅門言：『善男子！我不須人，今欲大祠，當須人心、人血、人髓，能與我不？』薩陀波崙自念：『我得大利，定當得聞般若波羅蜜方便，以婆羅門欲買心、血、髓故。』即大歡喜語婆羅門：『汝所須者盡當相與。』婆羅門言：『汝須何價？』答言：『隨汝所與。』薩陀波崙菩薩即執利刀刺右臂出血，復割右髀，欲破骨出髓。時，一長者女在閣上遙見薩陀波崙菩薩刺臂出血，割其右髀，復欲破骨出髓，作是念：『此善男子何因緣故困苦其身？我當往問。』時，長者女即便下閣到薩陀波崙菩薩所，問言：『善男子！何因緣故困苦其身，用是血髓為？』薩陀波崙言：『賣與婆羅門，供養般若波羅蜜及曇無竭菩薩。』長者女言：『善男子！汝賣血髓供養是人得何等利？』薩陀波崙言：『是人當為我說般若波羅蜜方便力，我隨中學，當得阿耨多羅三藐三菩提，金色之身三十二相、常光無量光、大慈、大悲、大喜、大捨、十力、四無所畏、四無礙智、十八不共法、六神通、不可思議清淨戒品、定品、智慧品、解脫品、解脫知見品，得佛無上智慧、無上法寶，分布施與一切衆生。』

「時，長者女語薩陀波崙：『汝所說者甚為希有，微妙第一，為一一法乃可應捨恒河沙身。善男子！汝今所須金銀、真珠、琉璃、頗梨、琥珀、珊瑚諸好珍寶，及華香、瓔珞、幡蓋、衣服盡當相與供養曇無竭菩薩，莫自困苦；我今亦欲隨汝至曇無竭菩薩所種諸善根，為得如是清淨法故。』

「爾時，釋提桓因即復其身，在薩陀波崙菩薩前立，作是言：『善哉！善哉！善男子！汝心堅固，愛法如是！過去諸佛行菩薩道時，亦如汝今求聞般若波羅蜜方便，得阿耨多羅三藐三菩提。善男子！我實不須人心、血、髓，故來相試，汝願何等？當以相與。』薩陀波崙言：『與我阿耨多羅三藐三菩提。』釋提桓因言：『我無此也，諸佛世尊乃能辦之；更求餘願，當以相與。』薩陀波崙言：『汝於此中若無力者，還使我身平復如故。』薩陀波崙身即平復無有瘡瘢。於是釋提桓因忽然不現。

「時，長者女語薩陀波崙菩薩言：『可至我舍，當白父母求索財寶，為聞法故供養曇無竭菩薩。』薩陀波崙菩薩與長者女俱到其舍，長者女入白父母言：『與我華香、瓔珞、種種衣服及諸寶物，願聽我身并先所給五百侍女與薩陀波崙菩薩共往供養曇無竭菩薩，曇無竭菩薩當為我說法，以是法故，我等當得諸佛之法。』父母語女：『薩陀波崙菩薩今在何處？』女言：『今在門外。是人發心求阿耨多羅三藐三菩提，欲度一切衆生生死苦惱，為愛法故欲自賣身而無買者，憂愁啼哭立在一處，作是言：「我欲賣身而無買者。」時，一婆羅門作是言：「汝今何故，欲自賣身？」答言：「我愛法故欲供養曇無竭菩薩，我當從彼得諸佛法。」婆羅門言：「我不須人，今欲大祠，當須人心、人血、人髓。」即時，是人心大歡喜，手執利刀刺臂出血，復割右髀，欲破骨出髓。我在閣上遙見此事，心自念言：「是人何故困苦其身？當往問之。」我即往問，答我言：「我以貧窮無有財寶，欲賣心、血、髓與婆羅門。」我時問言：「善男子！持是財物欲作何等？」答我言：「為愛法故供養曇無竭菩薩。」我復問言：「善男子！汝於是中得何等利？」答我言：「我於是中當得無量不可思議功德之利。」我聞是無量不可思議諸佛功德，心大歡喜，作是念：「是善男子甚為希有！乃能自受如是苦惱，為愛法故尚能捨身，我當云何不供養法？我今多有財物，於是事中當發大願。」我時語言：「善男子！汝莫如是困苦其身，我當多與財物，供養曇無竭菩薩，我亦隨汝至曇無竭菩薩所欲自供養，我亦欲得無上佛法。」如上所說，父母今當聽我隨是善男子及給財物供養曇無竭菩薩。』

「父母報言：『汝所讚者希有難及，是人一心念法，一切世界勝最第一，必能安樂一切衆生，是人能求難事，我今聽汝隨去；我等亦欲見曇無竭菩薩。』是女為供養曇無竭菩薩，故白父母言：『我不敢斷人功德。』

「是女即時莊嚴五百乘車，敕五百侍女亦皆莊嚴，持種種色華、種種色衣、種種雜香、末香、塗香、金銀、寶華、種種雜色妙好瓔珞、諸美飲食，與薩陀波崙菩薩各載一車，五百侍女恭敬圍繞漸漸東行，遙見衆香城，其城七重七寶莊嚴，甚可愛樂，有七重塹，七重行樹，其城縱廣十二由旬，豐樂安靜，人民熾盛，五百街巷端嚴如畫，橋津如地寬博清淨。*遙見曇無竭菩薩於城中央法座上坐，無量百千萬衆圍繞說法，心即歡喜，譬如比丘得第三禪。見已作是念：『我等不應載車趣曇無竭菩薩。』即皆下車步進，薩陀波崙與五百侍女恭敬圍繞，各持種種莊嚴諸物俱詣曇無竭菩薩所。曇無竭菩薩所有七寶臺牛頭栴檀而以校飾，真珠羅網寶鈴間錯，四角各懸明珠以為光明，有四白銀香爐，燒黑沈水供養般若波羅蜜。其寶臺中有七寶大床，床上有四寶函，以真金鍱書般若波羅蜜置是函中，其臺四邊垂諸寶幡。爾時，薩陀波崙菩薩與五百侍女遙見妙臺種種珍寶以為挍飾，又見釋提桓因與無量百千諸天以天曼陀羅華、天金銀華、天栴檀華以散臺上，天於空中作諸伎樂，即問釋提桓因：『憍尸迦！汝以何故與諸天眾以天曼陀羅華、天金銀華、天栴檀華散此臺上，於虛空中作諸伎樂？』

「釋提桓因言：『善男子！汝不知耶？有法名摩訶般若波羅蜜，是諸菩薩母，菩薩於是中學，當得盡諸功德一切佛法，疾得薩婆若。』薩陀波崙言：『憍尸迦！摩訶般若波羅蜜是諸菩薩母，為在何處？我今欲見。』『善男子！在此七寶篋中黃金鍱上，曇無竭菩薩七處印之，我不得示汝。』

「爾時，薩陀波崙菩薩與五百女人各持種種華香、瓔珞、幡蓋、衣服金銀珍寶，以半供養般若波羅蜜，以半供養曇無竭菩薩，薩陀波崙菩薩以種種花香、瓔珞、幡蓋、衣服、金銀寶花，作諸伎樂，供養般若波羅蜜已，向曇無竭菩薩所，復以種種華香、瓔珞、碎末栴檀、金銀寶華供養法故，散曇無竭菩薩上，即住虛空合成寶蓋，其蓋四邊垂諸寶幡。薩陀波崙菩薩及五百女人見此神力，心大歡喜，作是念：『未曾有也！曇無竭大師神力乃爾！未成佛道神通之力尚能如是，況得阿耨多羅三藐三菩提！』時，五百女人敬重曇無竭菩薩故皆發阿耨多羅三藐三菩提心：我等以是善根因緣，於未來世當得作佛；行菩薩道時亦得如是功德，如今曇無竭菩薩；供養恭敬尊重般若波羅蜜，為人演說，成就方便力，亦如曇無竭菩薩。

「薩陀波崙及五百女人頭面禮曇無竭菩薩足，合掌恭敬，卻住一面，薩陀波崙白曇無竭菩薩言：『我本求般若波羅蜜時，於空林中聞空中聲言：「善男子！從是東行，當得聞般若波羅蜜。」我即東行，東行不久便作是念：「我云何不問空中聲，去當遠近從誰得聞般若波羅蜜。憂愁懊惱即住七日，不念飲食及世俗事，但念般若波羅蜜。我云何不問空中聲，去當近遠？從誰得聞？」即時佛像現在我前，作是言：「善男子！從是東行五百由旬，有城名衆香城，中有菩薩名曇無竭，為諸大衆說般若波羅蜜，汝於是中當得聞般若波羅蜜。」我於是處一切法中生無依止想，亦得無量諸三昧門，我住是諸三昧，即見十方諸佛為諸大衆說般若波羅蜜，諸佛讚我言：「善哉！善哉！善男子！我等本行菩薩道時亦得是諸三昧，住是諸三昧中，能成就諸佛法。」諸佛安慰示教我已，皆不復現；我從諸三昧覺已，作是念：「諸佛從何所來？去至何所？」不知諸佛來去因緣故，即作是念：「曇無竭菩薩已曾供養過去諸佛，深種善根，善學方便，必能為我說諸佛從何所來？去至何所？」惟願大師今當為我說諸佛從何所來？去至何所？令我常得不離見佛。』

*小品☆般若波羅蜜曇無竭品第二十八

「爾時，曇無竭菩薩語薩陀波崙菩薩言：『善男子！諸佛無所從來，去無所至。何以故？諸法如不動故。諸法如即是如來。善男子！無生無來無去，無生即是如來；實際無來無去，實際即是如來；空無來無去，空即是如來；斷無來無去，斷即是如來；離無來無去，離即是如來；滅無來無去，滅即是如來；虛空性無來無去，虛空性即是如來。善男子！離是諸法無有如來，是諸法如、諸如來如，善男子！是如唯一，無二無三，離諸數無所有。善男子！皆是一如，無二無別。善男子！於意云何？譬如春末後月，日中熱時見野馬動，愚夫逐之，謂當得水。是水從何所來？為從東海來？南西北海來？』

「薩陀波崙白大師言：『焰中尚無有水，況有來處去處！但是愚人無有智故於無水中而生水想，實無有水。』『善男子！若有人以如來身色音聲而生貪著，如是人等分別諸佛有去來相，當知是等愚癡無智，如無水中而生水想。何以故？諸佛如來不應以色身見，諸佛如來皆是法身故。善男子！諸法實相無來無去，諸佛如來亦復如是。善男子！譬如幻師幻作象兵、馬兵、車兵、步兵無來無去，當知諸佛無來無去亦復如是。善男子！如人夢中見有如來若一、若二、若十、若二十、若五十、若百、若過百數，覺已乃至不見有一如來。善男子！於意云何？是諸如來從何所來？去至何所？』

「薩陀波崙白大師言：『夢無定法，皆是虛妄。』『善男子！如來說一切法虛妄如夢；若人不知諸法虛妄如夢，以色身、名字、語言、章句而生貪著，如是人等分別諸佛而有來去，不知諸法相故。若人於佛分別來去，當知是人凡夫無智，數受生死，往來六道，離般若波羅蜜，離於佛法。善男子！若能如實知佛所說「一切諸法虛妄如夢」，是人於法則不分別，若來若去，若生若滅；若不分別，是人則以諸法實相而觀如來；若以法相知如來者，是人則不分別如來若來若去；若能如是知諸法相，是人則行般若波羅蜜，近阿耨多羅三藐三菩提，是名真佛弟子，不虛受人信施，是為世界福田。善男子！譬如海中種種珍寶，不從東方來，南西北方、四維上下來，眾生福業因緣海生此寶，非無因而有；諸寶滅時亦不至十方，以眾緣合則有，眾緣滅則無。善男子！諸如來身亦復如是，無有定法不從十方來，亦不無因而有，*但以本行業果☆報生，眾緣合則有，眾緣滅則無。善男子！譬如箜篌音聲，無所從來去無所至，屬眾因緣，有絃、有槽、有棍，有人以手鼓之，眾緣合則有聲；是聲不從絃出、槽出、棍出、手出，眾緣合則有聲，而無所從來，眾緣散則滅而無所至。善男子！諸如來身亦復如是，屬眾因緣，無量福德之所成就，不從一因緣一福德而生，亦不無因無緣而有，以眾緣合則有而無所從來，衆緣散則滅而去無所至。善男子！應當如是觀諸如來來去之相，亦應如是觀諸法相。善男子！汝若如是觀諸如來及一切法無來無去，無生無滅，必至阿耨多羅三藐三菩提，亦得了達般若波羅蜜方便。』說是如來無來無去法時，三千大千世界地大震動，諸天宮殿亦皆震動，諸魔宮殿皆不復現，三千大千世界草木華樹悉皆傾向曇無竭菩薩，諸樹皆出非時妙華，釋提桓因及四天王。於虛空中雨天名華天末栴檀，散曇無竭菩薩上，語薩陀波崙菩薩言：『因仁者故我等今日聞第一義，一切世界所難值遇，貪身見者所不能及。』

「爾時，薩陀波崙菩薩白曇無竭菩薩：『何因緣故地大震動？』曇無竭言：『以汝向問是諸如來無來無去，我答汝時，有八千人得無生法忍，八十那由他衆生發阿耨多羅三藐三菩提心，八萬四千衆生遠塵離垢，於諸法中得法眼淨。』薩陀波崙菩薩心即歡喜，作是念：『我今則為大得善利！聞般若波羅蜜中無來無去，利益如是無量衆生，我之善根已為具足，於阿耨多羅三藐三菩提心無疑悔，必當作佛。』

「薩陀波崙聞法生歡喜因緣，即昇虛空高七多羅樹，作是念：『我今當以何物供養曇無竭菩薩？』釋提桓因知薩陀波崙心所念，即以天曼陀羅華與薩陀波崙，作是言：『汝以是花供養曇無竭菩薩。善男子！我等應助成汝，以汝因緣故利益無量衆生。善男子！如是之人甚難得值，能為一切衆生故於無量阿僧祇劫往來生死。』

「爾時，薩陀波崙菩薩受釋提桓因曼陀羅華，散曇無竭菩薩上，從虛空下，頭面作禮，白大師言：『我從今日以身供給奉上大師。』作是語已，合掌一面立。「爾時，長者女及五百侍女白薩陀波崙菩薩言：『我等今者以身奉上，持是善根因緣，當得如是善法，世世常共供養諸佛，常相親近。』薩陀波崙菩薩報諸女言：『汝若以身與我，誠心隨我行者，我當受汝。』諸女白言：『我等誠心以身奉上，當隨所行。』爾時，薩陀波崙菩薩與五百女人并諸寶物莊嚴之具及五百乘車，奉上曇無竭菩薩，白言大師：『以是五百女人奉給大師，五百乘車隨意所用。』爾時，釋提桓因讚薩陀波崙菩薩言：『善哉！善哉！菩薩摩訶薩應如是學一切捨法，菩薩有是一切捨者，則能疾得阿耨多羅三藐三菩提。諸菩薩為聞般若波羅蜜及方便故，應如汝今供養於師。過去諸佛本行菩薩道時，亦皆如汝住是捨中，為般若波羅蜜供養於師，為聞般若波羅蜜及方便故，得阿耨多羅三藐三菩提。』

「爾時，曇無竭菩薩欲令薩陀波崙菩薩善根具足故，受五百女人及五百乘車，受已還與薩陀波崙，從坐而起還入宮中。是時日沒，薩陀波崙菩薩作是念：『我為法來不應坐臥，當以二事若行、若立，以待法師出宮說法。』

「爾時，曇無竭菩薩七歲常入菩薩無量三昧無量般若波羅蜜及方便觀。薩陀波崙菩薩滿七歲中，若行、若立離於睡眠，不念於欲，不念美味，但念：『曇無竭菩薩何時當從禪起？我當為敷法座，曇無竭菩薩當坐說法，我當掃灑令地清淨，布種種華，曇無竭菩薩當說般若波羅蜜及方便。』時，長者女及五百女人亦皆七歲隨薩陀波崙菩薩所行之事。

「爾時，薩陀波崙菩薩聞空中聲言：『善男子！曇無竭菩薩卻後七日從三昧起，當於城中法座上說法。』薩陀波崙菩薩聞空中聲，心大歡喜，與五百女人欲為曇無竭菩薩敷大法座。是時，諸女各脫上衣以為法座，作是念：『曇無竭菩薩當坐此座說般若波羅蜜及方便。』薩陀波崙菩薩欲灑法座處地，求水不得，惡魔隱蔽令水不現，作是念：『薩陀波崙求水不得，或當憂悔，心動變異，善根不增，智慧不照。』薩陀波崙求水不得，即作是念：『我當刺身出血以用灑地。何以故？此中塵土坌於大師。我今何用此身，此身不久必當壞敗，我寧為法以滅於身，終不空死；又我常以五欲因緣喪無數身，往來生死，未曾得為如是法也。』薩陀波崙即以利刀周遍刺身，以血灑地；五百女人亦效薩陀波崙菩薩，各各刺身以血灑地；薩陀波崙菩薩及五百女人乃至一念無有異心，魔不能壞障其善根。

「爾時，釋提桓因作是念：『未曾有也！薩陀波崙菩薩愛法堅固，發大莊嚴，不惜身命，深心趣於阿耨多羅三藐三菩提，當得阿耨多羅三藐三菩提，度脫無量衆生生死苦惱。』即時，釋提桓因變灑地血為天赤栴檀水，法座四邊面百由旬天栴檀氣流布遍滿。釋提桓因讚言：『善哉！善哉！善男子！汝精進力不可思議，愛法求法最為無上。善男子！過去諸佛亦皆如是，深心精進，愛法求法，以此修集阿耨多羅三藐三菩提。』

「爾時，薩陀波崙作是念：『我為曇無竭菩薩已敷法座，掃灑清淨，當於何所得好名華莊嚴此地，曇無竭菩薩在座說法當以供養？』釋提桓因知薩陀波崙心所念，即以三千石天曼陀羅華與薩陀波崙菩薩，作是言：『善男子！取是曼陀羅華莊嚴此地，供養曇無竭菩薩。』薩陀波崙菩薩受此華已，以半散地，以半供養曇無竭菩薩。

「爾時，曇無竭菩薩過七日已，從三昧起，與無量百千萬眾恭敬圍繞趣法座所，坐法座上說般若波羅蜜。薩陀波崙見曇無竭菩薩心大喜樂，譬如比丘入第三禪。爾時，薩陀波崙及五百女人散華供養，頭面禮足，卻坐一面。曇無竭菩薩因薩陀波崙為大眾說言：『諸法等故，般若波羅蜜亦等；諸法離故，般若波羅蜜亦離；諸法不動故，般若波羅蜜亦不動；諸法無念故，般若波羅蜜亦無念；諸法無畏故，般若波羅蜜亦無畏；諸法一味故，般若波羅蜜亦一味；諸法無邊故，般若波羅蜜亦無邊；諸法無生故，般若波羅蜜亦無生；諸法無滅故，般若波羅蜜亦無滅；如虛空無邊，般若波羅蜜亦無邊；如大海無邊，般若波羅蜜亦無邊；如須彌山莊嚴，般若波羅蜜亦莊嚴；如虛空無分別，般若波羅蜜亦無分別；色無邊故，般若波羅蜜亦無邊；受、想、行、識無邊故，般若波羅蜜無邊；地種無邊故，般若波羅蜜無邊；水種、火種、風種、空種無邊故，般若波羅蜜無邊；如金剛等故，般若波羅蜜亦等；諸法無壞故，般若波羅蜜無壞；諸法性不可得故，般若波羅蜜性不可得；諸法無等故，般若波羅蜜無等；諸法無所作故，般若波羅蜜無所作；諸法不可思議故，般若波羅蜜不可思議。』是時，薩陀波崙菩薩即於坐所得諸法等三昧、諸法離三昧、諸法不動三昧、諸法無念三昧、諸法無畏三昧、諸法一味三昧、諸法無邊三昧、諸法無生三昧、諸法無滅三昧、虛空無邊三昧、大海無邊三昧、須彌山莊嚴三昧、如虛空無分別三昧、色無邊三昧、受想行識無邊三昧、地種無邊三昧、水種火種風種空種無邊三昧、如金剛等三昧、諸法不壞三昧、諸法性不可得三昧、諸法無等三昧、諸法無所作三昧、諸法不可思議三昧、得如是等六百萬三昧。」

*小品☆般若波羅蜜囑累品第二十九

爾時，佛告須菩提：「薩陀波崙菩薩得六百萬三昧門已，即見十方如恒河沙等世界諸佛，與大比丘眾恭敬圍繞，皆以是文字、章句、相貌說般若波羅蜜，如我今於此三千大千世界與諸大眾恭敬圍繞，以是文字、章句、相貌說般若波羅蜜。薩陀波崙從是已後，多聞智慧不可思議，如大海水，世世所生不離諸佛，現在諸佛常生其所，一切衆難皆悉得斷。須菩提！當知是般若波羅蜜因緣能具足菩薩道，是故諸菩薩若欲得一切智慧，應當信受般若波羅蜜，讀誦正憶念，如說修行，廣為人說，亦當了了書寫經卷，供養恭敬、尊重讚歎、華香、瓔珞、末香、塗香、幡蓋、伎樂等，則是我教。」

爾時，佛告阿難：「於意云何？佛是汝大師不？」

「世尊！佛是我大師，如來是我大師。」

佛告阿難：「我是汝大師，汝是我弟子，汝以身口意業於今現在供養恭敬尊重於我，我滅度後汝當以是供養恭敬尊重般若波羅蜜。第二、第三亦如是說。我以般若波羅蜜囑累於汝，慎莫忘失，莫作最後斷種人也！阿難！隨爾所時般若波羅蜜在世，當知爾所時有佛在世說法。阿難！若有書寫般若波羅蜜，受持讀誦、正憶念，如所說行，廣為人說，供養恭敬、尊重讚歎、華香乃至伎樂，當知是人不離見佛，不離聞法，常親近佛。」

佛說般若波羅蜜已，彌勒等諸菩薩摩訶薩，舍利弗、須菩提、目犍連、摩訶迦葉等諸聲聞眾，一切世間天人、阿修羅等聞佛所說，歡喜信受。

小品般若經卷第十

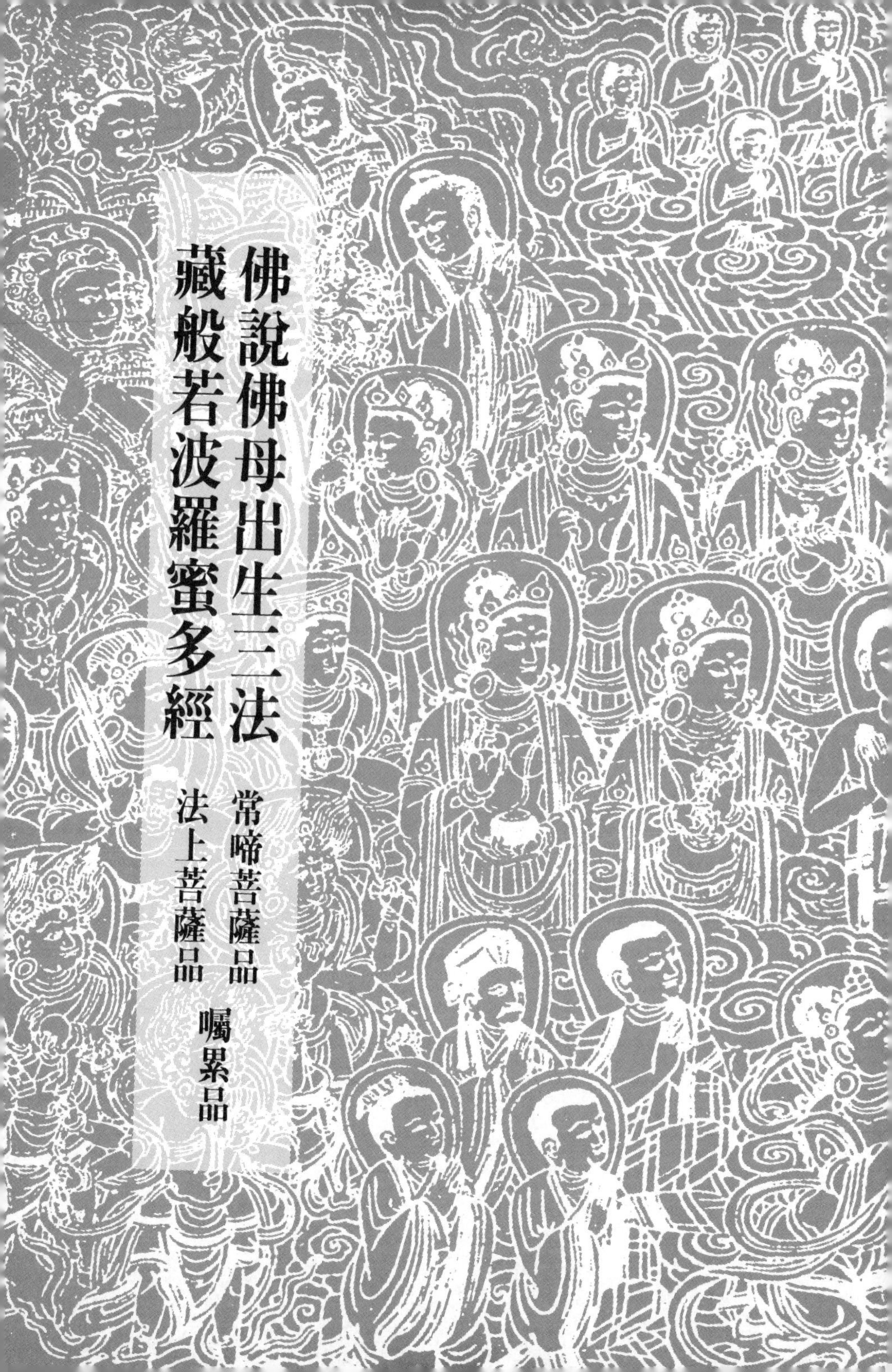

佛說佛母出生三法藏般若波羅蜜多經

常啼菩薩品
法上菩薩品
囑累品

佛說佛母出生三法藏般若波羅蜜多經卷第二十三

西天譯經三藏朝奉大夫試光祿卿傳法大師賜紫臣施護奉　詔譯㊣略

常啼菩薩品第三十之一

「復次，須菩提！諸菩薩摩訶薩欲求般若波羅蜜多者，當如常啼菩薩摩訶薩，往昔於雷吼音王如來、應供、正等正覺法中修習梵行，勤求般若波羅蜜多。」

須菩提白佛言：「世尊！常啼菩薩摩訶薩作何方便而能求是般若波羅蜜多？」

佛告須菩提言：「汝今當知，常啼菩薩摩訶薩往昔求般若波羅蜜多時，不怖時長，不念世事，不惜身命，不樂世間名聞利養，於諸世間不生依著，但一心念求般若波羅蜜多，即於林中思惟方便。

「爾時，空中有聲作如是言：『善男子！汝可東行求是般若波羅蜜多，汝當往時，若身、若心勿生疲倦，勿念睡眠，勿念飲食，勿念晝夜，勿念寒熱，勿念一切違礙等事，又復勿念內法、外法，勿念於前亦勿念後，勿念四方、四維上下，又復行時不得左右顧視，但一心念般若波羅蜜多，如是念時不應動色，不應動受、想、行、識；若動五蘊，即不行佛法，是行生死行；若行生死行，即不行般若波羅蜜多，即不成就般若波羅蜜多。是故，汝今離如是相但一心求。』

「須菩提！爾時，常啼菩薩摩訶薩聞是空中聲已，即答空中聲言：『我今如所教行。何以故？我欲為一切眾生作大光明，欲集一切佛法故。』

「時，空中聲即復讚言：『善哉！善哉！善男子！汝若東行求是般若波羅蜜多時，應信解一切法空、無相、無願，當離諸相，遠離我見、人見、眾生等見，遠離惡知識，親近善知識，隨所親近，應當尊重恭敬、供養善知識者，能為汝說一切法空、無相、無願、無生、無滅、無性，汝若生如是尊重恭敬、供養心者，應當不久得聞般若波羅蜜多。若於經卷中聞，若於法師所聞，汝隨所聞般若波羅蜜多處，當生大師想，尊重恭敬、承事供養，是即知恩為報恩者。應作是念：此即是我真善知識，我聞此般若波羅蜜多故，不退轉於阿耨多羅三藐三菩提，得近阿耨多羅三藐三菩提，不離如來、應供、正等正覺，生諸佛剎，不生無佛剎中，遠離諸難不生難處。

「『善男子！汝應為求如是功德利故，隨從法師，不應為世間財利名譽故隨從法師。又復以重法心故，於法師所尊重恭敬，承事供養如大師想，常應覺知所有魔事，或時惡魔有因緣故，於說法者以好上妙色、聲、香、味、觸而為供養，彼說法者以方便力故受是五欲。汝於爾時不應生起不清淨心而為障礙，但作是念：我無如是方便力故，而說法師為欲利樂一切眾生，令種善根故，雖受是五欲，於菩薩摩訶薩無有少法可為障礙。

「『善男子！汝於爾時應當安住諸法實相。何等名為諸法實相？所謂一切法無染無淨。何以故？一切法自性空故，是中無我、無人、無衆生、無壽者，一切法如夢如幻、如影如響，如是名為諸法實相，汝若如是安住，即不久得聞般若波羅蜜多。善男子！又復應當覺知魔事，或時魔因緣故，令說法者於聽法者心生嫌惡，汝於爾時為求法故，不應暫起諸違礙想，於其法師益加尊重愛樂恭敬，汝當不久得聞般若波羅蜜多。』

「爾時，常啼菩薩摩訶薩聞空中聲為教示已，即隨所教東行求般若波羅蜜多，東行未久即作是念：『我於向者，云何不能問空中聲東行遠近至何方處？從誰得聞般若波羅蜜多？』

「作是念已，憂愁啼泣，即於彼住，復作念言：『我住於此一日二日乃至七日，若身、若心無疲倦想，不念睡眠，不念飲食，不念寒熱，不念晝夜，但一心念般若波羅蜜多。』譬如有人唯生一子，愛念甚重，而忽喪歿，是時父母無復餘念，唯大苦惱，憂愁啼泣。須菩提！常啼菩薩摩訶薩亦復如是，當於爾時無復餘念，但念何時於何方處？從誰得聞般若波羅蜜多？」

佛說佛母出生三法藏般若波羅蜜多經卷第二十三

佛說佛母出生三法藏般若波羅蜜多經卷第二十四

西天譯經三藏朝奉大夫試光祿卿傳法大師賜紫臣施護奉　詔譯

常啼菩薩品第三十之二

爾時，佛告須菩提：：「彼常啼菩薩摩訶薩如是憂愁啼泣時，忽然見有如來形像住立其前，作是讚言：：『善哉！善哉！善男子！諸佛如來、應供、正等正覺本行菩薩道時，求般若波羅蜜多亦如汝今，如是勤求等無有異，是故汝應益加精進勇猛堅固。

「『從此東行五百由旬，有一大城名曰衆香，其城七重，七重垣牆縱廣十二由旬，廣博清淨，妙好殊麗，人民熾盛，安隱豐樂，有五百街道處處連接，橋津平正，人所愛樂。其七重城七寶嚴飾，一一城上皆以閻浮檀金而為樓閣，七寶行樹周匝圍繞，復有七多羅樹；彼七寶行樹各有種種寶華寶菓，一一樹間衆寶間錯，有諸寶網互映交絡，彌覆城上，垂諸寶鈴，風吹鈴聲，甚可愛樂，如五種樂巧出音聲，清妙和雅，聞者適悅。其城四邊流泉、浴池清淨具足，中有諸船七寶裝*校，池水自然，冷暖調適，人所愛樂，是諸池中有衆色華，所謂優鉢羅華、俱母陀華、奔拏利迦華等，及餘種種妙色香華，乃至三千大千世界所有一切諸妙華等皆悉具足。其城四邊有五百園，一一園中有五百池，其池縱廣一俱盧舍，彼一一池七寶裝*校，甚可愛樂，是諸池中亦有種種妙色香華，所謂優鉢羅華、俱母陀華、奔拏利迦華等是，一一華大如車輪，青色青光、黃色黃光、赤色赤光、白色白光，一一池中復有白鶴、鳧鴈、鴛鴦等種種異鳥游集其上，是諸園林浴池，城中人民自在遊適無所繫屬，但以眾生先業所感，彼諸眾生於長夜中，修行般若波羅蜜多，清淨信解甚深法門故，獲如是最勝果報。

「『善男子！彼眾香城中有大高臺，法上菩薩摩訶薩所止宮舍在於其上，其臺分量縱廣正等各一由旬，七重垣牆七寶莊嚴殊特妙好，七重行樹周匝圍繞，復有七多羅樹，於其宮中有四大園：一名常喜，二名無憂，三名適悅，四名華莊嚴。一一園中有八大池：一名賢，二名賢上，三名歡喜，四名喜上，五名安樂，六名妙樂，七名決定，八名阿囀訶。彼一一池四邊皆以四寶莊嚴，東黃金寶、南白銀寶、西吠瑠璃寶、北頗胝迦寶，*玫瑰為底，金沙布上，一一池側有八梯陛，七寶莊嚴，以眾寶物而為層級，其層級間有閻浮檀金芭蕉行樹，彼諸池中亦有種種妙色香華，所謂優鉢羅華、俱母陀華、奔拏利迦華等，亦復有諸白鶴、鳧鴈、鴛鴦等種種異鳥游集其上，彼一一池四邊各有妙香華樹，香如栴檀，色味具足，風吹其華，墮池水中，而彼宮舍園林池沼如是嚴飾。

「『法上菩薩摩訶薩處其宮內，與六萬八千婇女眷屬俱，於如是等園林池沼遊翫適悅，五欲娛樂嬉戲自在。衆香城中所有人民若男、若女，亦復皆入常喜等園、賢等諸池遊戲娛樂。彼法上菩薩摩訶薩既娛樂已，於自宮內日三時中說般若波羅蜜多。又復衆香城中一切人民於其城內多人聚處，為法上菩薩摩訶薩敷大法座：其座四足黃金、白銀、吠琉璃、頗胝迦四寶所成，復有種種真珠、瓔珞而為裝*校，座高半俱盧舍，於其座上敷以茵褥及憍尸迦衣、上妙細氎種種嚴飾，於座周匝散五色華，燒衆妙香，嚴好殊特，清淨可愛。法上菩薩摩訶薩處其法座，天人四衆集會一處，恭敬圍繞以重法故，各各燒香、散華供養法上菩薩摩訶薩。是時，菩薩廣為一切天人、四衆宣說般若波羅蜜多。隨應說已，中有受持者、有讀誦者、有思惟者、有書寫者、有如說行者、有不退轉於阿耨多羅三藐三菩提者。

「『善男子！彼法上菩薩摩訶薩說法會中有如是等功德利益，是故汝今宜應東行往彼法上菩薩摩訶薩所，汝當從彼得聞般若波羅蜜多，而彼菩薩摩訶薩能以此法為汝示教利喜。汝今東行勿計晝夜，勇猛精進一心勤求，即當不久決定得聞般若波羅蜜多。』

「爾時，常啼菩薩摩訶薩聞是說已，心生歡喜適悅慶快，譬如有人為箭所中，苦痛斯甚，是人爾時無復餘念，但念：『何時得大良藥，而為救療，使我得脫如是苦惱？』

「須菩提！常啼菩薩摩訶薩亦復如是而無餘念，但念：『何時得瞻禮親近法上菩薩摩訶薩，從彼得聞般若波羅蜜多？』

「即於是處一心諦想法上菩薩摩訶薩，思惟般若波羅蜜多。常啼菩薩摩訶薩作是思惟時，於一切法中生無所依想，得入無量無數三摩地門，所謂：觀一切法自性三摩地、一切法自性無所得三摩地、一切法自性智生三摩地、破一切法無明三摩地、一切法不壞見三摩地、一切法作光明三摩地、一切法離癡瞑三摩地、破一切法無智三摩地、一切法離闇三摩地、一切法相不可得三摩地、散華三摩地、一切法無我相三摩地、離幻三摩地、如鏡像出生三摩地、一切眾生語言三摩地、離塵三摩地、一切眾生歡喜三摩地、隨一切眾生善巧語言三摩地、種種語言文字章句出生三摩地、無畏三摩地、自性三摩地、離障得解脫三摩地、無染三摩地、名句文莊嚴三摩地、等觀一切法三摩地、一切法離境界相三摩地、一切法無礙際三摩地、如虛空三摩地、金剛喻三摩地、清淨相王三摩地、無負三摩地、得勝三摩地、不退觀三摩地、法界決定三摩地、法界寂靜三摩地、安隱三摩地、師子吼三摩地、勝一切衆生三摩地、離垢三摩地、清淨三摩地、蓮華莊嚴三摩地、斷愛三摩地、隨一切堅固三摩地、一切法最上三摩地、得神通力無所畏三摩地、一切法通達三摩地、壞一切法印三摩地、一切法無差別見三摩地、離一切見三摩地、大法光明三摩地、一切法離相三摩地、解脫一切著三摩地、一切法無懈三摩地、甚深法光明三摩地、等高三摩地、不可奪三摩地、破魔境界三摩地、三界最勝三摩地、光明門三摩地、見一切如來三摩地。

「須菩提！彼常啼菩薩摩訶薩得入如是等諸三摩地門，於三摩地中見十方無量阿僧祇世界諸佛如來，各各為諸菩薩摩訶薩說般若波羅蜜多，是諸如來皆悉安慰讚歎常啼菩薩摩訶薩言：『善哉！善哉！善男子！汝能勤求般若波羅蜜多，我等本行菩薩道時求般若波羅蜜多，亦如汝今得是諸三摩地等無有異，汝今得是諸三摩地已，而能通達般若波羅蜜多，方便安住不退轉法。我等得是諸三摩地已，即得阿耨多羅三藐三菩提，我等於諸三摩地中，觀察自性，無法可見，從諸三摩地出已，於一切法生無住想。

「『善男子！無住法者是謂般若波羅蜜多，我等於是無住法中，得金色身種種光明，三十二大人相、八十種隨形好皆悉具足，得不思議佛無上智、佛無上慧，成就一切佛法功德，到一切法彼岸。善男子！如是功德諸佛如來猶尚不能稱量讚歎說其邊際，何況聲聞、緣覺！是故汝今於是法中，益加恭敬尊重愛樂，精進勤求，以是義故，阿耨多羅三藐三菩提不為難得。又，善男子！汝今宜應於善知識極生恭敬、尊重愛樂。何以故？菩薩摩訶薩為善知識所護助者，速得阿耨多羅三藐三菩提。』

「爾時，常啼菩薩摩訶薩白諸如來言：『誰當是我真善知識，願諸如來示教於我？』

「即時，諸佛如來謂言：『善男子！當知法上菩薩摩訶薩者是汝善知識，而彼菩薩世世已來常教化汝，*令汝通達般若波羅蜜多方便，學諸佛法，成就汝於阿耨多羅三藐三菩提，汝應知彼重恩，當念報恩。善男子！汝於法上菩薩摩訶薩欲報恩者，假使一劫、百劫乃至百千劫中恭敬頂戴，以一切樂具乃至三千大千世界所有上妙色、聲、香、味、觸等而為供養，亦未能報一少分恩。何以故？汝以法上菩薩摩訶薩因緣故，令汝得入諸三摩地門，通達般若波羅蜜多方便，是故當知彼恩深重。』」

「爾時，如來作是說已，忽然不現，彼常啼菩薩摩訶薩從三摩地出已，不復見彼諸佛如來，心生悲惱啼泣而住，即作是念：『向者如來從何所來？去至何所？彼為我說法上菩薩摩訶薩甚為希有，而彼菩薩摩訶薩已得陀羅尼及五神道，已曾供養無量諸佛，彼即是我真善知識，世世已來常所教化利益於我，我今於彼益加恭敬、尊重愛樂，是故宜應往彼瞻禮，親近供養，聽受般若波羅蜜多，及問向者如來從何所來？去至何所？然我今者自念貧乏一無所有，金銀、珍寶、衣服、臥具、幢幡、寶蓋、香華、燈塗，如是等物悉不能辦，乃至一華亦不能及，當以何物而為供養？我若空往，心非所安。』如是憂愁思惟方計。

「爾時，常啼菩薩摩訶薩作是念已，未即東行，且於中路別入一城，於其城中，靜住思惟：『我欲東行為求法故，供養法上菩薩摩訶薩是大利益，我今宜應自賣其身，隨所得價當買香華，自持往彼供養法上菩薩摩訶薩。何以故？我從世世已來，為欲因緣故於輪迴中受生死身，歷無量苦流轉諸趣，破壞其身終無利益，不曾為此清淨法故捨自身命，是故我今為求法故無所悋惜。』作是思惟已，即於城中多人聚處如是唱言：『我今賣身，誰當買我？誰當買我？』

「爾時，諸魔知是事已，即作是念：『今常啼菩薩以樂法故，自賣其身，欲買香華供養法上菩薩，為求般若波羅蜜多。何故？諸菩薩行般若波羅蜜多，皆能成就阿耨多羅三藐三菩提，猶如大海無所傾動，我等諸魔不能壞亂，彼因緣故空我境界，是故我今宜設方便壞其道意。』爾時，惡魔如是念已，當彼常啼菩薩作此唱時，即以魔力隱蔽城中一切人衆，皆不令聞常啼菩薩所唱之聲。爾時，常啼菩薩摩訶薩如是三唱，皆無買者，菩薩爾時心生愁惱，啼泣而言：『苦哉！苦哉！我所賣身為供養法上菩薩摩訶薩，今無買者，故知我身深為罪咎。』

「爾時，帝釋天主知是事已，即作是念：『我應往彼常啼菩薩摩訶薩所，當*試其心，可能堅固深心樂法，真實能捨如是身不？』

「帝釋天主作是念已，即*時變身為婆羅門來住常啼菩薩摩訶薩前，作是問言：『汝今何故如是憂愁啼泣苦惱？』

「常啼菩薩言：『我今欲賣此身，無有買者，以是緣故啼泣而住。』

「婆羅門言：『汝所賣身，欲何所作？』常啼菩薩言：『我為愛樂法故，今自賣身，買諸香華欲供養法上菩薩摩訶薩，為求般若波羅蜜多，而我此身薄福德故，賣無售者。』

「爾時，婆羅門謂常啼菩薩摩訶薩言：『我不須人無所施作，我於今時將欲大祠，須用人心、人血、人髓，汝今可能而相與不？』

「爾時，常啼菩薩摩訶薩聞此語已，踊躍歡喜，即作是念：『我於今時得最上利，定當得聞般若波羅蜜多圓滿所願，此婆羅門而肯須我心及血髓，我應歡喜

「作是念已，即謂婆羅門言：『仁者所須，我當相奉。』婆羅門言：『汝欲價直其數幾何？』」

一一授與。』

「常啼菩薩言：『隨所相與，我即當受。』

「爾時，常啼菩薩摩訶薩即執利刀刺其右臂出血，次欲於其右髀，破骨出髓。是時，有一長者女在高樓上遙見常啼菩薩摩訶薩先自刺臂出血，又欲破骨出髓，即作是念：『此善男子何故如是苦楚其身？我應往彼詢問其故。』

「時，長者女作是念已，即下高樓來菩薩所發是問言：『善男子！汝何緣故於其自身受是苦楚，所出血、髓欲將何用？』

「常啼菩薩言：『善女人！當知我今貧乏無有財寶，所出血、髓賣與此婆羅門，所得價直當買香華，供養法上菩薩摩訶薩。』

「長者女言：『汝以香華供養彼菩薩摩訶薩，當有何等功德利益？』

「常啼菩薩言：『汝善女人！當知彼法上菩薩摩訶薩，能為我說般若波羅蜜多及方便門，學彼法已能為衆生作所歸趣，即能成就阿耨多羅三藐三菩提，得金色身、三十二大人相、八十種隨形好、常光、無量光、大慈、大悲、大喜、大捨、十力、四無所畏、四無所礙智、十八不共法等不可思議無量無數佛功德法悉能圓滿，及以一切無上法寶，分布施與一切衆生，是故我今為欲成就如是功德故，往供養彼菩薩摩訶薩，聽受般若波羅蜜多及方便門。』

「爾時，長者女白常啼菩薩摩訶薩言：『善男子！如汝所說，甚為希有！若人為求如是法故，假使如殑伽沙數身命盡以供養是所應作，功不唐捐，有大利益。善男子！我家具有金銀、瑠璃、硨磲、瑪瑙、珊瑚、琥珀及頗胝迦等種種珍寶，乃至衣服、臥具、幢幡、寶蓋、香華、燈塗，隨汝所須我悉當與，汝當持以供養法上菩薩摩訶薩，勿復賣身受諸苦楚，我今亦欲同汝往彼法上菩薩摩訶薩所，瞻禮親近、隨喜供養種諸善根。』時，長者女作是說已，住於一面。

「爾時，帝釋天主隱其婆羅門身，還復本相，住常啼菩薩摩訶薩前作如是言：『善哉！善哉！善男子！汝能堅固深心樂法，勇猛勤求。善男子！過去諸佛如來、應供、正等正覺，本行菩薩道時，求般若波羅蜜多，亦如汝今等無有異，汝當決定得成阿耨多羅三藐三菩提，圓滿一切佛功德法。善男子！我實不須人心、血、髓，故來相試，汝今有何所須我當授汝？』

「常啼菩薩言：『天主！汝可與我阿耨多羅三藐三菩提？』

「帝釋天主言：『善男子！此是諸佛境界、非我境界，諸佛如來可能成辦，我不能辨，餘有所須我皆相奉。』

「常啼菩薩言：『我今無復餘願，以汝帝釋天主實語力故，又復以我自所願力、自實語力，及佛世尊威神力故，若我決定不退轉於阿耨多羅三藐三菩提，諸佛、如來、應供、正等正覺知我深心者，願我此身平復如故。』

「爾時，常啼菩薩摩訶薩發是言已，於須臾間身即平復，乃至無有瘢痕等相。爾時，帝釋天主見是相已，讚歎希有隱身不現。

「爾時，彼長者女即白常啼菩薩摩訶薩言：『善男子！汝今應可同往我舍，白我父母求索所須，持以供養法上菩薩摩訶薩。』

「爾時，常啼菩薩摩訶薩謂長者女言：『善哉！同往今正是時。』

「于是彼長者女與常啼菩薩摩訶薩同詣父舍，到其舍已，常啼菩薩摩訶薩住於門側，彼長者女即入其舍白父母言：『父母！我家具有金銀珍寶及種種物，願以少分見賜於我，及所供給我五百侍女聽許從我，我當與一菩薩摩訶薩名曰常啼，同往供養一菩薩摩訶薩名曰法上，而彼法上菩薩摩訶薩能為我等說甚深法，聞彼法已即能成就一切佛法功德利益，是故父母願賜聽許。』

「是時，父母即告女言：『汝所說者常啼菩薩摩訶薩今在何處？』

「彼女答言：『今在門外，父母當知，彼菩薩摩訶薩者，深心樂法勇猛堅固，為欲成就阿耨多羅三藐三菩提，廣度一切眾生出生死苦，欲往供養法上菩薩摩訶薩，求般若波羅蜜多故，自賣其身，於此城中高聲唱言：「誰當買我？」如是三唱無有買者。

「『是時，常啼菩薩憂愁苦惱，啼泣而住，我於爾時在高樓上，見一婆羅門來菩薩所，互言謂已，即時菩薩手執利刀刺其右臂出血，復欲割其右髀，破骨出髓。我時見是事已，即作是念：「此善男子何故如是苦楚其身？我宜往彼詢問其故。」念已即往，我問彼言：「汝何緣故受斯苦楚，所出血、髓欲將何用？」

「『彼答我言：「我欲買諸香華持往供養法上菩薩摩訶薩，我貧乏故，無有財寶，故出血、髓賣與此婆羅門，其得價直當買香華供養菩薩。」父母！我聞彼說深所讚歎。

「『復問彼言：「汝今如是供養彼菩薩當有何等功德利益？」

「『彼答我言：「供養彼菩薩故，從彼得聞般若波羅蜜多及方便門，學是法已乃能成就不可思議無量無數佛功德法。」

「『我聞是說已，心生歡喜即謂彼言：「善男子！為求法故，行難行行，甚為希有，汝今不須如是苦楚其身，我家具有金銀珍寶及種種物，隨汝所欲我當相與，我亦樂欲同汝往彼法上菩薩摩訶薩所，瞻禮親近隨喜供養。」我復謂言：「今且同汝往我父舍，白我父母求索財寶與汝俱持供養法上菩薩摩訶薩。」

「『彼即答言：「善哉！可行今正是時。」父母！以是緣故，常啼菩薩摩訶薩同我至此。是故，父母！若欲令我成就一切無上功德法者，如我所欲種種財寶及侍女等，願賜見聽，勿復為礙。』

「爾時，父母即告女言：『汝所說者彼善男子甚為希有！為求法故行難行行，而欲成就不可思議佛功德法，欲為一切衆生作大利益；此因緣者，是為一切世間勝上事業。今聽汝往，凡諸所欲自當隨意，我等亦欲往彼法上菩薩摩訶薩所，瞻禮親近，隨喜供養。』

「爾時，彼長者女為供養法上菩薩摩訶薩因緣故，白父母言：『我亦不敢障人功德，父母欲往自當隨意。』

「爾時，長者女即時嚴整五百乘車，衆寶莊嚴，令五百侍女各嚴身已，人乘一車，所有金銀、珍寶、衣服、臥具、幢幡、寶蓋、香華、燈塗及種種物載以一車。時，長者女與常啼菩薩摩訶薩共乘一車，父母眷屬亦乘寶車，如是莊嚴導從圍繞出所住舍，東行往詣法上菩薩摩訶薩所，如是行經五百由旬，常啼菩薩摩訶薩與長者女，遙見一城，其城七重、七重垣墻、七寶行樹周匝圍繞，其城縱廣十二由旬，廣博清淨，五百街巷處處連接，橋津平正，安隱豐樂，人民熾盛，甚可愛樂，於其城中多人聚處，有大法座，高廣妙好，眾寶莊嚴。

「遙見法上菩薩摩訶薩處于座上，有無量百千天人四眾恭敬圍繞聽受說法，如是見已，常啼菩薩摩訶薩心生慶快踊躍歡喜，譬如苾芻得第三禪樂，一心專注尊重恭敬，即謂長者女言：『此城名為眾香，彼菩薩者，是謂法上菩薩摩訶薩，我等今時不應乘車前詣其所。』發是言已，即各下車，歡喜肅恭步進於前。

佛說佛母出生三法藏般若波羅蜜多經卷第二十四

佛說佛母出生三法藏般若波羅蜜多經卷第二十五

西天譯經三藏朝奉大夫試光祿卿傳法大師賜紫臣施護奉　詔譯

常啼菩薩品第三十之三

「爾時，常啼菩薩摩訶薩與長者女及諸侍女、父母、眷屬等導從圍繞，并持種種珍寶供具入衆香城，一心渴仰欲見法上菩薩摩訶薩。是時，常啼菩薩摩訶薩等既入城已，詣菩薩所，其去不遠，常啼菩薩摩訶薩見帝釋天主與無數百千天子散天曼陀羅華、摩訶曼陀羅華及餘種種殊妙天華、天金銀華等散於虛空，及散栴檀香末，又復廣作微妙天樂，其所散華住在空中。

「常啼菩薩摩訶薩如是見已，即問帝釋天主言：『憍尸迦！汝何緣故，於虛空中，與無數百千天子散衆天華及散栴檀香末，廣作天樂？』

「帝釋天主白常啼菩薩摩訶薩言：『善男子！汝不知耶？有法名摩訶般若波羅蜜多，是諸佛母，亦是諸菩薩母。學是法者即能成就一切智，圓滿一切佛功德法。汝今當知，於法上菩薩摩訶薩演說法處，別有七寶臺高廣妙好種種嚴飾，真珠、寶網間錯垂布，於其臺中有七寶床，而彼床上安七寶函，以黃金鍱書是摩訶般若波羅蜜多正法置於函內，種種珍寶周匝圍繞，其臺四角安四白銀香爐，燒黑沈水香供養摩訶般若波羅蜜多正法，以是緣故，我等諸天於虛空中散華供養。』

「爾時，常啼菩薩摩訶薩白帝釋天主言：『憍尸迦！如汝所說，是諸佛母及菩薩母，摩訶般若波羅蜜多正法微妙甚深，最上希有，汝以方便可能示我。』

「帝釋天主言：『善男子！彼摩訶般若波羅蜜多正法在七寶函內，彼法上菩薩摩訶薩以七寶印印之，我無方便可能示汝。』

「爾時，常啼菩薩摩訶薩與長者女等漸復前行到法上菩薩摩訶薩所，即以所持金銀、珍寶、衣服、臥具、幢幡、寶蓋、香華、燈塗等分作二分，先持一分而共供養摩訶般若波羅蜜多，次持一分亦共供養法上菩薩摩訶薩。作是供養已，復以種種妙色香華向法上菩薩摩訶薩所而用散擲，以法上菩薩摩訶薩威神力故，其所散華於菩薩上住虛空中，變成種種妙寶樓閣，是諸樓閣自然皆有真珠、瓔珞間錯垂布。

「爾時，常啼菩薩摩訶薩并長者女見是相已，咸作是念：『善哉！此相甚為希有，法上菩薩摩訶薩現住菩薩地，神通威德尚能如是，何況成就阿耨多羅三藐三菩提已！彼諸功德不可稱計。』爾時，長者女作是念已，於法上菩薩摩訶薩益加恭敬，尊重愛樂，并五百侍女亦各恭敬尊重愛樂。」

「時，長者女及五百侍女皆發阿耨多羅三藐三菩提心，咸作是言：願我以此善根因緣於未來世當得成佛，為菩薩時，亦如法上菩薩摩訶薩愛樂尊重般若波羅蜜多等無有異，及廣為人宣說般若波羅蜜多，成就般若波羅蜜多善巧方便，皆如法上菩薩摩訶薩今日無異。作是言已，彼長者女并五百侍女即時頭面禮菩薩足，禮已合掌退住一面。

「爾時，常啼菩薩摩訶薩如前所作供養事已，即時頭面禮菩薩足，禮已旋繞種種稱讚，歡喜瞻仰，合掌而住，*白法上菩薩摩訶薩言：『大士！當知我*有因緣故來至此，我本為求般若波羅蜜多故，於空寂林中思惟方便。時，空中有聲而謂我言：「汝可東行求般若波羅蜜多。」我如所教尋即東行，東行未久我復作念：「向者云何而不能問彼空中聲？東行遠近於何方處？從誰得聞般若波羅蜜多？」我於爾時憂愁啼泣，即於彼住經七晝夜，當是憂愁啼泣之時，忽然見有如來形像住於我前，作如是言：「善男子！從是東行五百由旬，有城名眾香，彼有菩薩摩訶薩名曰法上。汝可往彼，當得聞般若波羅蜜多。」我時聞是說已，心大歡喜，即於彼處一心諦想大士，思惟般若波羅蜜多。

「『我於爾時住一切法無依止想，即時得入無量無數三摩地門，於三摩地中，見十方無量阿僧祇世界諸佛、如來、應供、正等正覺，各各為諸菩薩摩訶薩宣說般若波羅蜜多。是諸如來咸讚我言：「善哉！善哉！善男子！汝以求般若波羅蜜多因緣故，得入諸三摩地門。」一時，諸如來如是乃至種種示教利喜，安慰我已，忽然不現。我於爾時從三摩地出已，不復得見諸佛如來，我心苦惱，即作是念：「向者如來從何所來？去至何所？」我復思惟：「彼法上菩薩摩訶薩於先佛所深種善根，通達般若波羅蜜多具諸方便，我當往彼聽受般若波羅蜜多及問斯義。」以是緣故，我今至此而得瞻禮菩薩大士，我心歡喜，深自慶快，猶如苾芻得第三禪樂。大士！如我向於三摩地中所見如來，而不知彼從何所來？去至何所？唯願大士示教於我，令我常得見佛世尊。』

法上菩薩品第三十一

「爾時，法上菩薩摩訶薩謂常啼菩薩摩訶薩言：『善男子！如來者無所從來，亦無所去。何以故？真如無動，真如即是如來；不生法無來無去，不生法即是如來；實際無來無去，實際即是如來；空性無來無去，空性即是如來；無染法無來無去，無染法即是如來；寂滅無來無去，寂滅即是如來；虛空無來無去，虛空即是如來。善男子！離如是等法，無別有法可名如來。此復云何？所謂如來真如，一切法真如，同是一真如，是如無分別，無二、亦無三。善男子！譬如春末夏初，於日中分陽焰動發，若時有人於中求水，於汝意云何？彼水從何所來？為從東海來耶？南、西、北海來耶？其去亦然。』

「常啼菩薩言：『彼陽焰中無水可得，況復有來及有去耶？但是愚癡、無智、虛妄所見。』

「法上菩薩言：『善男子！一切如來亦復如是，若人著於色相及以音聲，觀諸如來若來、若去起分別者，當知是人愚癡、無智、虛妄所見。何以故？如來者是即法身，非色身可見。善男子！法性無來無去，一切如來亦復如是無來無去。又如幻師幻化所作象兵、馬兵、車兵、步兵，如是四兵幻所作故無來無去，一切如來亦復如是無來無去。又如有人於其夢中或見一佛、二佛、三、四、五佛乃至百千諸佛。善男子！而彼諸佛從何所來？去至何所？』

「常啼菩薩言：『大士！夢所不實，無決定法，於是法中何有去來？』

「法上菩薩言：『一切如來亦復如是。如佛所說一切法如夢，有人不能如實了知一切法如夢故，即以色相、音聲、語言、名字，執著分別諸佛如來若來、若去。

「『善男子！若於是法中不如實知虛妄分別者，當知是等名愚異生，受生死身輪轉諸趣，遠離般若波羅蜜多，遠離一切佛法。善男子！若人如實了知，如佛所說一切法如夢，於是法中即無有法若來、若去，是故無所分別。如實了知一切如來無來無去，不生不滅，如是知者，是為見法，是為知法，是人即近阿耨多羅三藐菩提，是行般若波羅蜜多，不虛受其國中信施，能與世間作大福田。

「『善男子！又如大海出種種寶，是寶不從東方而來，亦復不從南西北方、四維上下諸方而來，但是一切衆生所作福業共感報應，是故大海出諸珍寶，是寶一一從因緣生，亦不無因緣生，因緣和合即有，因緣散滅即無，有亦不從十方來，無亦不至十方去。諸如來身亦復如是，不從十方來，不至十方去，但以因緣和合所生，*亦不住因緣法，亦不無因緣生，因緣和合即生，因緣離散即滅，生亦不從十方來，滅亦不至十方去。

「『善男子！又如箜篌有絃、有槽、有棍，若人以手鼓擊出聲，是聲無所從來，不從絃出，不從槽出，不從棍出，不從手出，但以因緣和合有聲，因緣散滅即無有聲，是聲滅已亦無所至。

「『善男子！諸佛如來亦復如是，從一切相應善根、種種因緣如理出生，非一因、一緣、一善根生，亦不無因緣生，緣合故生，生而無來，緣散故滅，滅而無去。

「『善男子！汝當如是如實了知諸佛如來無來、無去，若知諸佛無來去故，即住一切法無生無滅，如是知者，是行般若波羅蜜多善巧方便，決定得成阿耨多羅三藐三菩提。』

「爾時，法上菩薩摩訶薩說是諸佛如來無來、無去法時，三千大千世界六種震動現十八相，所謂動、遍動、等遍動、吼、偏吼、等遍吼、震、遍震、等遍震、踊、遍踊、等遍踊、爆、遍爆、等遍爆、擊、遍擊、等遍擊，現如是等十八相已，一切魔宮隱蔽不現。非時開敷種種異華，大地一切華樹、菓樹皆悉傾向法上菩薩摩訶薩，帝釋天主、四大天王及欲界諸天子衆於虛空中雨天妙華，向法上菩薩摩訶薩散擲供養，又復以諸天華散於常啼菩薩摩訶薩上，作如是言：『善哉！善哉！常啼菩薩！我等因仁者故，今日於法上菩薩摩訶薩所，得聞最上甚深正法，我等今日得大善利，斯為世間第一希有。』

「爾時，常啼菩薩摩訶薩白法上菩薩摩訶薩言：『以何因緣大地震動及現諸相？』

「法上菩薩言：『善男子！我向為汝說諸佛如來無來去法乃有是相。』爾時，有八千人得無生法忍，八十千那庾多人發阿耨多羅三藐三菩提心，六萬四千人遠塵離垢，得法眼淨。

「爾時，常啼菩薩摩訶薩聞此法已，心大慶快，踊躍歡喜，作如是言：『我於今日得最上利，以求般若波羅蜜多因緣故，於善知識所得聞諸佛如來無來去法，我今已得圓滿如是善根，決定不退轉於阿耨多羅三藐三菩提。』

「作是語已，轉復歡喜，踊身虛空高七多羅樹，於虛空中作是思惟：『我今復從何得上妙香華，供養法上菩薩摩訶薩？』

「爾時，帝釋天主知常啼菩薩心所念已，即以天曼陀羅華奉上常啼菩薩摩訶薩，天主作是言：『善男子！汝可持此妙華供養法上菩薩摩訶薩，我今助成於汝，利益無量無數衆生。』

「時，常啼菩薩摩訶薩受帝釋天主所奉華已，即以此華向法上菩薩摩訶薩散擲供養，華供養已，合掌恭敬作如是言：『菩薩大士！我從今日當以己身奉事菩薩給侍供養。』作是說已，從空中下住菩薩前。

「爾時，長者女并五百侍女俱白常啼菩薩摩訶薩言：『我等各以己身奉上於汝，給侍供養，并其五百乘車亦同奉上，願我世世所生，常得與汝同種善根常相值遇，常同親近諸佛、菩薩恭敬供養，我所獻身願垂納受。』

「爾時，常啼菩薩摩訶薩告長者女等言：『汝等若以誠心奉我，我有所行皆隨順者我即納受。』

「長者女等言：『我等誠心奉上於汝，凡諸所作我等隨順。』

「爾時，常啼菩薩摩訶薩為納受已，即白法上菩薩摩訶薩言：『今此長者女并五百侍女，乃至寶嚴五百乘車，悉迴奉上菩薩大士，願垂納受。』

「爾時，帝釋天主讚常啼菩薩摩訶薩言：『善哉！善哉！善男子！如是喜捨，甚為希有！若菩薩摩訶薩能如是捨者，速得阿耨多羅三藐三菩提，通達般若波羅蜜多善巧方便。善男子！過去諸佛、如來、應供、正等正覺本行菩薩道時，皆如汝今行是捨行，勤求般若波羅蜜多因緣，亦如汝今等無有異。』

「爾時，法上菩薩摩訶薩為欲成就常啼菩薩摩訶薩善根故，即受是長者女等，受已即時復與常啼菩薩摩訶薩。爾時，法上菩薩摩訶薩過日後分，從法座起即入宮舍。是時，常啼菩薩摩訶薩即作是念：『我今為求法故，宜應精進，當於二事若行、若立，待法上菩薩摩訶薩還出宮舍，復登法座，我當聽受甚深正法。』

「爾時，法上菩薩摩訶薩常入般若波羅蜜多三摩地，及無量無數菩薩三摩地，於是諸三摩地中住經七歲。常啼菩薩摩訶薩亦於七歲中若行、若立，未嘗坐臥，不念飲食，不生疲倦，但念：『法上菩薩摩訶薩當於何時出三摩地還登法座，令我得聞般若波羅蜜多？』是時，常啼菩薩於法座所散種種華，彼長者女及五百侍女亦學常啼菩薩，於七歲中若行、若立，未嘗坐臥，不念飲食，不生疲倦，亦復一心待彼菩薩出三摩地。

「爾時，常啼菩薩摩訶薩以樂法心勤精進故，忽聞空中有聲告曰：『法上菩薩後當七日出三摩地。』常啼菩薩聞是空中聲已，心大慶快踊躍歡喜，於法座所與長者女、并五百侍女以種種寶清淨嚴飾。時，長者女等各各脫身所著妙衣積以為座，當令法上菩薩摩訶薩安處其座。

「爾時，常啼菩薩即於是處周行求水，為灑其地。是時，諸魔隱蔽諸水悉令不現，魔作是念：『常啼菩薩求水不得，心當生苦，心生苦故，退失道意，善根不增。』

「爾時，常啼菩薩摩訶薩知是魔力所隱蔽已，即作是念：『我今應自破身出血，於法座所為灑其地。何以故？塵土坌污，菩薩當座，非所清淨，我今為求無上法故，設破己身何所悋惜！又復我從世世已來，以欲因緣受生死身輪轉諸趣，唐捐其功，終無利益，不曾為此清淨法故，捨自身命，是故今時宜應精進。』作是念已，即執利刀破身出血而灑其地，彼長者女并五百侍女亦學常啼菩薩，破身出血而灑其地，彼常啼菩薩并長者女等勇猛堅固，作是事已，善根增長，彼諸惡魔不得其便。

「爾時，帝釋天主以其天眼觀是事已，即作是念：『常啼菩薩摩訶薩甚為希有！發大勇猛，被堅固鎧，不惜身命，為求法故。為欲成就阿耨多羅三藐三菩提，廣度一切衆生出輪迴苦，發大精進甚為希有！』帝釋天主作是念已，即令其地血所灑處變成赤栴檀香水，面百由旬皆栴檀香。

「爾時，帝釋天主即讚常啼菩薩摩訶薩言：『善哉！善哉！善男子！汝今為求無上法故，發大精進，過去諸佛、如來、應供、正等正覺本行菩薩道時，亦如汝今等無有異。』

「爾時，常啼菩薩摩訶薩復作是念：『法上菩薩摩訶薩當說法時，我無香華將何供養？』帝釋天主知所念已，即以千斛天曼陀羅華奉上常啼菩薩摩訶薩。爾時，常啼菩薩摩訶薩受是華已，等分其半，先散座側。

「爾時，法上菩薩摩訶薩過是七歲已，從三摩地出，還詣法座，安處其上，與無數百千大衆恭敬圍繞。時，常啼菩薩摩訶薩見法上菩薩摩訶薩處于座已，心大歡喜，譬如苾芻得第三禪樂。即持帝釋所奉天曼陀羅華先所分者，向法上菩薩摩訶薩散擲供養已，合掌諦心，聽受宣說般若波羅蜜多甚深正法。」

「爾時，法上菩薩摩訶薩因常啼菩薩摩訶薩故謂諸衆言：『汝等！當知一切法平等，般若波羅蜜多亦平等；一切法離，般若波羅蜜多亦離；一切法無動，般若波羅蜜多亦無動；一切法無念，般若波羅蜜多亦無念；一切法無畏，般若波羅蜜多亦無畏；一切法無味，般若波羅蜜多亦無味；一切法無邊，般若波羅蜜多亦無邊；一切法無生，般若波羅蜜多亦無生；一切法無滅，般若波羅蜜多亦無滅；

虛空無邊，般若波羅蜜多亦無邊；大海無邊，般若波羅蜜多亦無邊；須彌山莊嚴，般若波羅蜜多亦莊嚴；虛空無分別，般若波羅蜜多亦無分別；色無邊，般若波羅蜜多亦無邊；受、想、行、識無邊，般若波羅蜜多亦無邊；地界無邊，般若波羅蜜多亦無邊；水界、火界、風界、空界、識界無邊，般若波羅蜜多亦無邊；金剛喻法平等，般若波羅蜜多亦平等；一切法無分別，般若波羅蜜多亦無分別；一切法無所得，般若波羅蜜多亦無所得；一切法平等無性，般若波羅蜜多亦平等無性；一切法無壞，般若波羅蜜多亦無壞；一切法不可思議，般若波羅蜜多亦不可思議。』

「爾時，常啼菩薩摩訶薩聞是法已，即於會中得入一切法平等三摩地、一切法離三摩地、一切法無動三摩地、一切法無念三摩地、一切法無畏三摩地、一切法無味三摩地、一切法無邊三摩地、一切法無生三摩地、一切法無滅三摩地、虛空無邊三摩地、大海無邊三摩地、須彌山莊嚴三摩地、虛空無分別三摩地、色無邊三摩地、受想行識無邊三摩地、地界無邊三摩地、水火風空識界無邊三摩地、金剛喻法平等三摩地、一切法無分別三摩地、一切法無所得三摩地、一切法平等無性三摩地、一切法無壞三摩地、一切法不可思議三摩地。常啼菩薩摩訶薩得入如是等六萬三摩地門，於是諸三摩地中得見十方如殑伽沙數三千大千世界如殑伽沙數諸佛世尊，各與菩薩、聲聞、人天大衆，以如是名字如是章句，宣說般若波羅蜜多，如法上菩薩摩訶薩今此會中，有諸大衆恭敬圍繞，以如是名字如是章句，宣說般若波羅蜜多，等無有異。」

爾時，佛告須菩提言：「如我所說，彼常啼菩薩摩訶薩以如是等種種方便，精進堅固勤求般若波羅蜜多，而彼菩薩於彼法上菩薩摩訶薩所得聞般若波羅蜜多，得入諸三摩地門，從三摩地出已，即得多聞具足，如大海水深廣無邊，於現生中常得見佛，世世所生生諸佛刹，乃至於刹那間亦不暫離諸佛世尊。須菩提！當知求般若波羅蜜多者，有如是等功德利益。是故，今我法中菩薩摩訶薩諸求般若波羅蜜多者，亦應如是求。」

囑累品第三十二

爾時，佛告尊者阿難言：「汝今當知，般若波羅蜜多者是諸佛母，出生諸佛一切智智。阿難！若欲行般若波羅蜜多者，應當於此甚深正法受持、讀誦、記念、思惟、為人演說，乃至書寫一句一偈置清淨處，以寶函盛尊重恭敬，即以種種金銀、珍寶、香華、燈塗、幢幡、寶蓋等廣大供養，乃至一香、一華、一禮、一讚，隨其所應恭敬供養，當知是人則受我教我所稱讚。阿難！佛是汝大師不？」

阿難白佛言：「世尊！佛是我大師，我是佛弟子。」

佛言：「阿難！汝今是我弟子，汝於現世給侍恭敬尊重於我，我涅槃後，汝當恭敬尊重供養此般若波羅蜜多甚深正法，是即恭敬尊重於我，是為最大報佛恩者。阿難！我今以是般若波羅蜜多甚深正法付囑於汝，汝當受持慎勿忘失，宣通流布使不斷絕。阿難！汝當精進助宣此法，莫作末後斷佛種人。」第二第三如是囑累。

阿難白佛言：「如世尊勅，我當奉持！如世尊勅，我當奉持！」

如是三白已，佛言：「阿難！當知隨爾所時，此般若波羅蜜多正法在世，即爾所時，諸佛世尊在世說法。又復，阿難！若有善男子、善女人於此般若波羅蜜多甚深正法愛樂、恭敬、受持、讀誦、記念、思惟、為人演說，乃至書寫尊重供養者，當知是善男子、善女人世世所生常得見佛聽受正法。」

佛說此經已，慈氏等諸菩薩摩訶薩、尊者須菩提、尊者舍利子、尊者阿難等諸大聲聞眾，并帝釋天主等，乃至一切世間天人、阿修羅等，聞佛所說皆大歡喜，信受奉行。

佛說佛母出生三法藏般若波羅蜜多經卷第二十五

南無護法韋馱尊天菩薩

全佛文化圖書出版目錄

佛教小百科系列

☐ 佛菩薩的圖像解說1-總論•佛部	320
☐ 佛菩薩的圖像解說2-菩薩部•觀音部•明王部	280
☐ 密教曼荼羅圖典1-總論•別尊•西藏	240
☐ 密教曼荼羅圖典2-胎藏界上	300
☐ 密教曼荼羅圖典2-胎藏界中	350
☐ 密教曼荼羅圖典2-胎藏界下	420
☐ 密教曼荼羅圖典3-金剛界上	260
☐ 密教曼荼羅圖典3-金剛界下	260
☐ 佛教的真言咒語	330
☐ 天龍八部	350
☐ 觀音寶典	320
☐ 財寶本尊與財神	350
☐ 消災增福本尊	320
☐ 長壽延命本尊	280
☐ 智慧才辯本尊	290
☐ 令具威德懷愛本尊	280
☐ 佛教的手印	290
☐ 密教的修法手印-上	350
☐ 密教的修法手印-下	390
☐ 簡易學梵字(基礎篇)-附CD	250
☐ 簡易學梵字(進階篇)-附CD	300
☐ 佛教的法器	290
☐ 佛教的持物	330
☐ 佛教的塔婆	290
☐ 中國的佛塔-上	240
☐ 中國的佛塔-下	240
☐ 西藏著名的寺院與佛塔	330
☐ 佛教的動物-上	220
☐ 佛教的動物-下	220
☐ 佛教的植物-上	220
☐ 佛教的植物-下	220
☐ 佛教的蓮花	260
☐ 佛教的香與香器	280
☐ 佛教的神通	290
☐ 神通的原理與修持	280
☐ 神通感應錄	250
☐ 佛教的念珠	220
☐ 佛教的宗派	295
☐ 佛教的重要經典	290
☐ 佛教的重要名詞解說	380
☐ 佛教的節慶	260
☐ 佛教的護法神	320
☐ 佛教的宇宙觀	260
☐ 佛教的精靈鬼怪	280
☐ 密宗重要名詞解說	290
☐ 禪宗的重要名詞解說-上	360
☐ 禪宗的重要名詞解說-下	290
☐ 佛教的聖地-印度篇	200

佛菩薩經典系列

☐ 阿彌陀佛經典	350
☐ 藥師佛•阿閦佛經典	220
☐ 普賢菩薩經典	180
☐ 文殊菩薩經典	260
☐ 觀音菩薩經典	220
☐ 地藏菩薩經典	260
☐ 彌勒菩薩•常啼菩薩經典	250
☐ 維摩詰菩薩經典	250
☐ 虛空藏菩薩經典	350
☐ 無盡意菩薩•無所有菩薩經典	260

修行道地經典系列

☐ 大方廣佛華嚴經(10冊)	1600
☐ 長阿含經(4冊)	600
☐ 增一阿含經(7冊)	1050
☐ 中阿含經(8冊)	1200
☐ 雜阿含經(8冊)	1200

洪老師禪座教室系列

□ 靜坐-長春.長樂.長效的人生	200
□ 放鬆(附CD)	250
□ 妙定功-超越身心最佳功法(附CD)	260
□ 妙定功VCD	295
□ 睡夢-輕鬆入眠•夢中自在(附CD)	240
□ 沒有敵者-強化身心免疫力的修鍊法(附CD)	280
□ 夢瑜伽-夢中作主.夢中變身	260
□ 如何培養定力-集中心靈的能量	200

禪生活系列

□ 坐禪的原理與方法-坐禪之道	280
□ 以禪養生-呼吸健康法	200
□ 內觀禪法-生活中的禪道	290
□ 禪宗的傳承與參禪方法-禪的世界	260
□ 禪的開悟境界-禪心與禪機	240
□ 禪宗奇才的千古絕唱-永嘉禪師的頓悟	260
□ 禪師的生死藝術-生死禪	240
□ 禪師的開悟故事-開悟禪	260
□ 女禪師的開悟故事(上)-女人禪	220
□ 女禪師的開悟故事(下)-女人禪	260
□ 以禪療心-十六種禪心療法	260

密乘寶海系列

□ 現觀中脈實相成就-開啟中脈實修秘法	290
□ 智慧成就拙火瑜伽	330
□ 蓮師大圓滿教授講記-藏密寧瑪派最高解脫法門	220
□ 密宗的源流-密法內在傳承的密意	240
□ 恒河大手印-傾瓶之灌的帝洛巴恒河大手印	240
□ 岡波巴大手印-大手印導引顯明本體四瑜伽	390
□ 大白傘蓋佛母-息災護佑行法(附CD)	295
□ 密宗修行要旨-總攝密法的根本要義	430
□ 密宗成佛心要-今生即身成佛的必備書	240
□ 無死 超越生與死的無死瑜伽	200
□ 孔雀明王行法-摧伏毒害煩惱	260
□ 月輪觀•阿字觀-密教觀想法的重要基礎	350
□ 穢積金剛-滅除一切不淨障礙	290
□ 五輪塔觀-密教建立佛身的根本大法	290
□ 密法總持-密意成就金法總集	650
□ 密勒日巴大手印-雪山空谷的歌聲，開啟生命智慧之心	480

其他系列

□ 入佛之門-佛法在現代的應用智慧	350
□ 普賢法身之旅-2004美東弘法紀行	450
□ 神通-佛教神通學大觀	590
□ 認識日本佛教	360
□ 華嚴經的女性成就者	480
□ 準提法彙	200
□ 地藏菩薩本願經與修持法	320
□ 仁波切我有問題-一本關於空的見地、禪修與問答集	240
□ 萬法唯心造-金剛經筆記	230
□ 菩薩商主與卓越企業家	280
□ 禪師的手段	280
□ 覺貓悟語	280

女佛陀系列

□ 七優曇華-明末清初的女性禪師(上)	580
□ 七優曇華-明末清初的女性禪師(下)	400

禪觀寶海系列

□ 禪觀秘要	1200
□ 首楞嚴三昧-降伏諸魔的大悲勇健三昧	420

高階禪觀系列

□ 通明禪禪觀-迅速開啟六種神通的禪法	200
□ 十種遍一切處禪觀-調練心念出生廣大威力的禪法	280
□ 四諦十六行禪觀-佛陀初轉法輪的殊勝法門	350
□ 三三昧禪觀-證入空、無相、無願三解脫門的禪法	260
□ 大悲如幻三昧禪觀-修行一切菩薩三昧的根本	380
□ 圓覺經二十五輪三昧禪觀-二十五種如來圓覺境界的禪法	400

蓮花生大士全傳系列

□ 蓮花王	320
□ 師子吼聲	320
□ 桑耶大師	320
□ 廣大圓滿	320
□ 無死虹身	320
□ 蓮花生大士祈請文集	280

光明導引系列

□ 阿彌陀經臨終光明導引-臨終救度法	350
□ 送行者之歌(附國台語雙CD)	480

淨土修持法

□ 蓮花藏淨土與極樂世界	350
□ 菩薩的淨土	390
□ 諸佛的淨土	390
□ 三時繫念佛事今譯	250

佛家經論導讀叢書系列

□ 雜阿含經導讀-修訂版	450
□ 異部宗論導讀	240
□ 大乘成業論導讀	240
□ 解深密經導讀	320
□ 阿彌陀經導讀	320
□ 唯識三十頌導讀-修訂版	520
□ 唯識二十論導讀	300
□ 小品般若經論對讀-上	400
□ 小品般若經論對讀-下	420
□ 金剛經導讀	220
□ 心經導讀	160
□ 中論導讀-上	420
□ 中論導讀-下	380
□ 楞伽經導讀	400
□ 法華經導讀-上	220
□ 法華經導讀-下	240
□ 十地經導讀	350
□ 大般涅槃經導讀-上	280
□ 大般涅槃經導讀-下	280
□ 維摩詰經導讀	220
□ 菩提道次第略論導讀	450
□ 密續部總建立廣釋	280
□ 四法寶鬘導讀	200
□ 因明入正理論導讀-上	240
□ 因明入正理論導讀-下	200

密法傳承系列

□ 天法大圓滿掌中佛前行講義中疏	680

幸福地球系列

□ 幸福是什麼？不丹總理吉美·廷禮國家與個人幸福26講	380

離言叢書系列

- ☐ 解深密經密意 390
- ☐ 如來藏經密意 300
- ☐ 文殊師利二經密意 420
- ☐ 菩提心釋密意 230
- ☐ 龍樹讚歌集密意 490
- ☐ 無邊莊嚴會密意 190
- ☐ 勝鬘師子吼經密意 340
- ☐ 龍樹二論密意 260
- ☐ 大乘密嚴經密意 360
- ☐ 大圓滿直指教授密意 290

談錫永作品系列

- ☐ 閒話密宗 200
- ☐ 西藏密宗占卜法-妙吉祥占卜法（組合） 790
- ☐ 細説輪迴生死書-上 200
- ☐ 細説輪迴生死書-下 200
- ☐ 西藏密宗百問-修訂版 210
- ☐ 觀世音與大悲咒-修訂版 190
- ☐ 佛家名相 220
- ☐ 密宗名相 220
- ☐ 佛家宗派 220
- ☐ 佛家經論-見修法鬘 180
- ☐ 生與死的禪法 260
- ☐ 細説如來藏 280
- ☐ 如來藏三談 300

大中觀系列

- ☐ 四重緣起深般若-增訂版 420
- ☐ 心經內義與究竟義-印度四大論師釋《心經》 350
- ☐ 聖入無分別總持經對堪及研究 390
- ☐ 《入楞伽經》梵本新譯 320
- ☐ 《寶性論》梵本新譯 320
- ☐ 如來藏論集 330
- ☐ 如來藏二諦見 360
- ☐ 聖妙吉祥真實名經梵本校譯 390
- ☐ 聖妙吉祥真實名經釋論三種 390
- ☐ 《辨中邊論釋》校疏 400

藏傳佛教叢書系列

- ☐ 西藏生死導引書(上)-揭開生與死的真相 290
- ☐ 西藏生死導引書(下)六種中陰的實修教授 220

全套購書85折、單冊購書9折

（郵購請加掛號郵資60元）

全佛文化事業有限公司

新北市新店區民權路95號4樓之1

Buddhall Cultural Enterprise Co.,Ltd.

TEL:886-2-2913-2199

FAX:886-2-2913-3693

匯款帳號：3199717004240

合作金庫銀行大坪林分行

戶名：全佛文化事業有限公司

甯瑪派叢書-見部系列

- ☐ 九乘次第論集-佛家各部見修差別 380
- ☐ 甯瑪派四部宗義釋 480
- ☐ 辨法法性論及釋論兩種 480
- ☐ 決定寶燈 480
- ☐ 無修佛道-現證自性大圓滿本來面目教授 360
- ☐ 幻化網秘密藏續釋-光明藏 560
- ☐ 善說顯現喜宴-甯瑪派大圓滿教法 650
- ☐ 勝利天鼓雷音-金剛乘教法史 1040

甯瑪派叢書-修部系列

- ☐ 大圓滿心性休息導引 395
- ☐ 大圓滿前行及讚頌 380
- ☐ 幻化網秘密藏續 480
- ☐ 六中有自解脫導引 520

佛菩薩經典系列 7

《彌勒菩薩・常啼菩薩經典》

編　　者　全佛編輯部

出　　版　全佛文化事業有限公司

訂購專線：(02)2913-2199

傳真專線：(02)2913-3693

發行專線：(02)2219-0898

匯款帳號：3199717004240 合作金庫銀行大坪林分行

戶　名：全佛文化事業有限公司

E-mail:buddhall@ms7.hinet.net

http://www.buddhall.com

門　　市　新北市新店區民權路95號4樓之1（江陵金融大樓）

門市專線：(02)2219-8189

行銷代理　紅螞蟻圖書有限公司

台北市內湖區舊宗路二段121巷19號（紅螞蟻資訊大樓）

電話：(02)2795-3656

傳真：(02)2795-4100

初　　版　一九九五年十二月

初版二刷　二〇一七年三月

定　　價　新台幣二五〇元

I S B N　978-957-9462-20-4（平裝）

國家圖書館出版品預行編目資料

彌勒菩薩・常啼菩薩經典 / 全佛編輯部主編.
-- 初版. -- 臺北市 : 全佛文化, 1995 [民84]
面 ;　公分. -- (佛菩薩經典系列 : 7)

ISBN 978-957-9462-20-4(平裝)

1.般若部
221.4　　84012605

Buddhall

Published by BuddhAll Cultural Enterprise Co.,Ltd.

BuddhAll

BuddhAll.

All is Buddha.

BuddhAll